阅读成就思想……

Read to Achieve

东方明见心理咨询系列

爸爸向左，妈妈向右
离婚了，如何共同养育孩子

［美］劳伦·J.贝尔曼（Lauren J. Behrman）◎著
杰弗里·齐默尔曼（Jeffrey Zimmerman）

刘芬◎译

LOVING YOUR CHILDREN
MORE THAN YOU HATE EACH OTHER

Powerful Tools for
Navigating a High-Conflict Divorce

中国人民大学出版社
·北京·

图书在版编目（CIP）数据

爸爸向左，妈妈向右：离婚了，如何共同养育孩子 /（美）劳伦·J. 贝尔曼（Lauren J. Behrman），（美）杰弗里·齐默尔曼（Jeffrey Zimmerman）著；刘芬译. -- 北京：中国人民大学出版社，2022.8
书名原文：Loving Your Children More Than You Hate Each Other：Powerful Tools for Navigating a High-Conflict Divorce
ISBN 978-7-300-30816-6

Ⅰ. ①爸… Ⅱ. ①劳… ②杰… ③刘… Ⅲ. ①家庭教育 Ⅳ. ①G78

中国版本图书馆CIP数据核字(2022)第124712号

爸爸向左，妈妈向右：离婚了，如何共同养育孩子
［美］劳伦·J. 贝尔曼（Lauren J. Behrman）　著
　　　杰弗里·齐默尔曼（Jeffrey Zimmerman）
刘　芬　译
Baba Xiangzuo, Mama Xiangyou: Lihunle, Ruhe Gongtong Yangyu Haizi

出版发行	中国人民大学出版社		
社　　址	北京中关村大街31号	邮政编码	100080
电　　话	010-62511242（总编室）	010-62511770（质管部）	
	010-82501766（邮购部）	010-62514148（门市部）	
	010-62515195（发行公司）	010-62515275（盗版举报）	
网　　址	http://www.crup.com.cn		
经　　销	新华书店		
印　　刷	天津中印联印务有限公司		
规　　格	148mm×210mm　32开本	版　次	2022年8月第1版
印　　张	7.25　插页1	印　次	2022年8月第1次印刷
字　　数	150 000	定　价	59.00元

版权所有　　　侵权必究　　　印装差错　　　负责调换

东方明见心理咨询系列图书编委会成员

（按照姓氏拼音顺序排名）

段昌明	樊富珉	贾晓明
江光荣	钱铭怡	桑志芹
汤　梅	王建平	谢　东

东方明见心理咨询系列图书总序

江光荣

华中师范大学二级教授

湖北东方明见心理健康研究所理事长

中国心理学会评定心理学家（第二批）

我国的心理健康服务正迎来一个大发展的时期。2016年国家22部委联合发布的《关于加强心理健康服务的指导意见》规划了一个心理健康服务人人可及、全面覆盖的发展目标。大事业需要大队伍来做，而且还得是一支专业队伍。但目前我们面临的挑战却是，这支队伍"人不够多，枪不够快"。推进以专业化为焦点的队伍建设是当前和今后一段时间我国心理健康服务事业发展的关键工程。

湖北东方明见心理健康研究所（以下简称东方明见）作为心理健康领域的一家专业机构，能够为推进心理咨询与治疗的专业化做点什么呢？我们想到了策划出版心理健康、心理服务领域的专业图书。2017年4月在武汉召开"督导与伦理：心理咨询与治疗的专业化"学术会议期间，一批国内外专家就这个想法进行了简短的讨论，大家很快就达成了共识：组成一个编委会，聚焦于心理咨询与治疗的学术和实务领域，精选或主编一些对提升我国心理健康服务专业化水平有价值的著作，找一家有共同理想的出版机构把它们做出来。

之所以想策划图书，是觉得我们具有某种优势，能在我们熟悉的领域挑选出一些好书来。我们熟悉的领域自然就是心理学，尤其是心理咨询与治疗。我们的优势是什么呢？一是人，我们自己就是在心理学领域深耕多年的人，我们认识这个领域很多从事研究、教学以及实务工作的国内外专家学者，而且要认识新人也容易。二是懂，我们对这个领域中的学问和实务，对学问和实务中的问题，比一般出版人懂得多一些。有了这两点，我们就比较容易解决出书中的"供给侧"问题。至于"需求侧"，虽然我们懂得没有"供给侧"那么好，但也还算心中有数。尤其是我们编委会中的多位成员也是中国心理学会临床心理学注册工作委员会的成员，这些年他们跟政府主管部门、行业人士、高校师生以及社会大众多有互动，对中国心理学应用领域的需求、心理服务行业发展热点问题，对新一代心理学人的学习需要，都有一定的了解。

我们的想法是，不求多，也不追求印数，但专业上必须过关，内容求新求精，同时适合我国心理健康服务行业的发展阶段，以积年之功，慢慢积累出一定规模。

另外，还要感谢东方明见心理咨询系列图书编委会的诸君，我们是一群多年相交、相识、相爱的心理学人，我们大家对出版这个书系的想法一拍即合，都愿意来冒失一回。

感谢美国心理学会心理治疗发展学会（SAP，APA 第 29 分会）

和国际华人心理与援助专业协会（ACHPPI），这两个东方明见的合作伙伴对这项出版计划给予了慷慨的支持，使我们有底气做这件相当有挑战性的事情。

感谢中国人民大学出版社阅想时代愿意和我们一道，为推进我国心理咨询与治疗事业贡献自己的力量。

推荐序

钟思嘉

美国俄勒冈大学教育心理学博士
北京师范大学心理健康服务中心总督导
湖北东方明见心理健康研究所驻所专家

在孩子的成长过程中，生理上的安全保障和心理上的安全感是健康发展的坚实基础。当父母离婚，这种安全保障和安全感很容易受到威胁或破坏，孩子可能因此产生严重的焦虑和担忧，进而造成情感、认知和行为方面诸多的适应不良。有研究显示，大多数离婚人士在离异后数月到数年，忙着重建新的生活，导致养育孩子的能力部分或全部丧失。在现实的博弈中他们有太多需要关注的事，没有把养育孩子放在优先的位置考虑，这使得他们看不到孩子的需要。

相较于未离婚的夫妻，离婚人士养育孩子的难度更大，因为他们内心可能存在着许多自身难以消解的强烈情绪，比如离婚后的失落、痛苦、怨恨、不信任、愤怒，等等。有的父母为了避免冲突或伤痛，离婚后在亲子关系中表现退缩，包括减少和孩子见面、不过问孩子的事，等等。对某些离异者来说，离婚意味着放弃与孩子的相处，虽然他们可能以某种方式让自己有时间与孩子相处，但不会与前任讨论共同养育的问题，更谈不上相互合作。他们在离婚前就很可能存在长期的沟通障碍（通常不是缺少沟通，而是沟通不良）。因此，如何在离婚后共同养育孩子就成为一个很大的挑战。

我欣赏作者杰弗里和劳伦博士夫妇谈到共同养育的要素时，经常告诉离异父母的一句话："你不一定非要喜欢、信任或者尊重对方，才能完成好做父母最重要的工作。"当然，能做到是有帮助的，但是不容易。因此，他们强调离异父母共同养育的前提是以孩子为中心，不论你和共同养育者之间有多少问题和差异，无论这些问题和差异有多深，你们都会因共同养育的子女而联结在一起，在你们往后的余生都会爱着你们共同的孩子。即使你们之间的爱消失了，这种联结仍然存在。因此，虽然我喜欢阐明核心主题的书名《爸爸向左，妈妈向右：离婚了，如何共同养育孩子》，但我更喜欢本书的英文原书名——《爱孩子胜过恨彼此》（*Loving Your Children More Than You Hate Each Other*），正如作者所言："不纠缠于你们之间的问题，而是投入到对孩子共同的爱中，你就能让孩子始终处于受关注的中心，从而避免数不清的争吵和冲突。"

我欣赏两位作者的简洁文字表达，这是多年少见阅读起来不艰涩难懂的英文书。他们不仅深入浅出地引用心理学的理论，例如哀伤五阶段模型、面对危险或压力的大脑反应等，而且循序渐进地指导离婚的父母如何走出离婚的伤痛和冲突，怎样放下不必要的执着，进而采取有效的情绪调节技巧和策略，帮助自己敞开心扉来化解共同养育孩子的冲突，以及创建共同养育中的安全感和能力提升。

我喜欢作者在本书各章所提供的练习活动，确实能帮助父母从中获得反思并激励自我。我也喜欢每一章最后"带回家，用起来"的提示，简明扼要地帮助父母掌握关照自我与关照孩子的重点。这些知行并进的策略方法，充分展现了作者与高冲突家庭工作的丰富经验。

本书虽然是为离异家庭的孩子父母而写，但对于目前处于高冲突的家庭也非常适用。个人认为本书也是咨询师与高冲突家庭工作的指南，同时值得大力推荐给需要的家长阅读。共同养育最好是孩子的父母双方都参与，但由于一些无法掌控的因素，例如一方不愿参与、远在外地或不知去向等，这种情况虽然不如双方的共同养育有效，但我相信只要一方愿意承担养育孩子的责任，必能从阅读和练习中获益。

认识刘芬老师多年，她一方面尽心尽力地从事心理咨询的助人工作，并且主持过不少家长讲座和家长团体辅导，积累了许多与家长工作的经验；另一方面，她积极参与相关的专业培训，包括我主持的"父母效能系统训练"和"与未成年人的家长工作——整合式家长咨询"工作坊。在培训中，让我印象深刻的是她学习非常专注，提问不多但问必有深度，分享心得时也条理清晰，言简意赅。在阅读本书原文和对照译文时，深感她的翻译不仅忠于原文，而且语句流畅，符合中文读者的语境和文化脉络。本人站在亦师亦友的立场，为她更上一层楼的才华表示敬佩，故乐于为序。

译者序

离婚,对任何一个家庭而言都无异于一场风暴,给家庭成员带来的创伤不计其数。我相信,很多咨询师都曾见识过离婚大战给来访者会造成怎样的影响,也一定会深切感受到那场"风暴"过后的一片狼藉。不论是成年来访者的婚姻破裂,还是未成年来访者亲历、见证其父母冲突的过程,都会在他们心中留下难以愈合的伤口。

太多离异家庭中的孩子会有一些不合逻辑但又根深蒂固的信念,如父母之间的冲突是因为自己"不够听话""没有做得更好"。他们由此会深深地自责;他们可能会在人际交往中过度敏感,常把他人情绪不好的责任揽到自己身上,认为自己有责任让他人开心;父母之间的水火不容让他们无法去设想幸福的婚姻到底是什么模样,或者根本就不相信还有幸福婚姻这回事。总之,尽管孩子们的表现各不相同,但内在却是同一件事:因父母离婚中或离婚后的冲突未能得到妥善的解决,孩子的情绪安全受到了威胁。

这本书带领我们用一整套有效的干预方法,在生动的知识讲授与案例讨论中穿插个人的日记反思,抽丝剥茧,温柔地解开一个又一个的结,在不知不觉中跨越伤痕,完成疗愈之旅。

我跟这本书的渊源要追溯到 2017 年 4 月,当时在由中国心理学会临床心理学注册工作委员会与湖北东方明见心理健康研究所联合主办，美国心理学会心理治疗发展学会（即 APA 第 29 分会）协办的"督导与伦理：心理咨询与治疗的专业化"研讨会上，邀请了时任 APA 第 29 分会主席的杰弗里·齐默尔曼博士以及其夫人劳伦·J. 贝尔曼博士共同开设了一个"婚姻冲突解决咨询实务工作坊"，这在当时是一件比较新潮的事情。我很荣幸承担了外教们的接待与联络工作，代表东方明见与两位老师沟通协调来华事宜，顺便近距离地交流学习，从此便与杰弗里和劳伦夫妻二人结下了不解之缘。

在那次的工作坊中，我和学员们都深深地被吸引：

- 冲突中的父母如何在咨询师的帮助下做到友好合作；
- 咨询师如何在张力如此之高的情景中给出同理性的反应；
- 咨询师如何帮助一对剑拔弩张的前任从相互责备的模式切换到以孩子的需要和利益为出发点的合作模式上；
- 咨询师在其中如何保持自己的价值中立。

在一个个生动而又饱含张力的案例演练中，感受到两位老师在多年实务工作中积淀的深厚功底和真诚开放。

我的老师江光荣教授也全程参与了工作坊，他当时总结说："杰弗里和劳伦两位博士不仅仅在传授心理咨询的知识和技术，更重要的是在这个过程中提升了我们做人的情怀。"

这趟来华之后，杰弗里和劳伦博士还各自给自己起了中文名：青松和仙鹤，有"仙风道骨，延年益寿"的寓意，他们夫妇与中国文化的联结更紧密了。当时，他们的这本书刚刚在美国出版，2021 年当我得知中国人民大学出版社有意出版一套家庭治疗方面的大众读物时，便毫不犹豫地推荐了这本书，并毛遂自荐承担了翻译工作。

在翻译本书的过程中，我对于离婚冲突的理解更深了一层，自己好像也跟着经历了一场巨大的转变一样，对于每一位经历过家庭冲突的来访者，我好像更容易走进他们的内心世界，也更容易看到他们卡在了哪里：小心翼翼的小孩多年来暴露在父母绵延不断的冲突中，我看到父母未能处理的愤怒是如何灼伤了他；桀骜不驯的少年，在辗转于父母各自家庭的奔波中形成的"不给别人添麻烦，也讨厌别人给自己麻烦"的保护，这对他又有多么重要；照顾别人成为习惯的姐姐，承担了多少父母甩给她的情绪压力；半生荣耀的女强人，因为丈夫出轨自卑到尘埃里，我知道她在用别的东西定义自己的价值。

这不仅仅是一本写给离婚人士的书，更是一本解决家庭关系冲突的指南。如果你并未经历离婚，本书深入浅出的讲解和卡片式的练习，也能帮助你厘清生活中的关系。感谢我的先生在我翻译过程中帮助我通读了一遍译稿，这个工作也让他对于我们之间偶尔的矛盾有了更多的思考，促成了我们俩许多次的深度交流。

当然，如果你刚好处于夫妻闹离婚或者离婚后的状态，我相信这本书可以帮助你跨越离婚的转变，开启新的人生篇章！

本书的两位作者语言平实而生动，字里行间许多颇有文化特色的隐喻令人深思。感谢两位作者疫情期间在繁忙的实务和研究工作中，不厌其烦回复我长长的邮件，逐项讨论我提出的每一个用词的含义及可能存在的文化差异。同时，也感谢出版社的编辑老师认认真真为本书的准确性和可读性把关、反复商讨与修正。

尽管如此，囿于本人有限的才能和学识，加之时间仓促，译稿仍难免有疏漏之处，敬请广大读者批评指正！

前 言

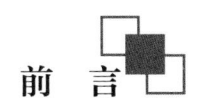

许多父母都经历过离婚时期的艰难，他们发现在判决离婚或协议离婚后的几年里，他们渐渐适应了新的生活，能够专注地共同养育孩子，情绪也平静了下来。但是，仍有一些父母在离婚尘埃落定后仍困在无休止的争吵中不能自拔。25年来，我们在咨询室接待过的几十位父母就是这个样子，他们大多伤痕累累，疲惫不堪。如何帮助他们则是我们撰写本书的初衷；同时，这本书也是为他们的孩子而写的。在父母离异后，这些孩子继续陷入家庭纷争之中。在这个波涛汹涌、动荡不安的家庭过渡期，孩子最需要的是两个成年父母（孩子的主要看护者）共同形成的保护茧般的呵护，引导他们能够安全度过。我们为这类父母提供了愈合和前行的工具，帮助他们管理好自己的情绪，把注意力聚焦在孩子的福祉上。

当你遭遇离婚风暴而备受打击的时候，当你感到生活一团糟、重整无望的时候，希望书中给出的框架能助你一臂之力，安然度过这个时期，顺利完成一生中最重要的工作——能在一个平和的家庭中用爱养育自己的孩子。

书中所提出的理念和工具借鉴了诸多他人的经验与方法，以期帮助你在遇到压力、情感创伤、冲突、丧失和抑郁时能很好地应对。其中，有的涉及认知、人际关系和人本主义疗法，有的则源自非西方的心理治疗传统方法。我们的目的是给你一套足够多样化的工具，来打破你和前任配偶（共同养育者①）之间困扰你和孩子的冲突循环。这套工具是基于我们对成人依恋、亲密关系与冲突的理解，以及脑神经系统最新的研究开发出来的。其中还有一些工具来自不同的心理疗法、技能培养和心理成长方法，包括正念和玛莎·莱恩汉（Marsha Linehan）博士提出的辩证行为疗法（dialectical behavior therapy，DBT），通过转换对压力、情感痛苦和人际关系的思维方式，帮助你改善情绪和行为反应。

我们在这里要特别强调一下 DBT 背后的原理。DBT 这种方法主要用来帮助那些处于极端情绪状态、难以控制自己的想法和情绪的人。同样地，那些长期处于高冲突状态下的父母，他们之间令人痛苦不堪的互动给他们的幸福感和安全感带来了极大的威胁。DBT 通过提供能够把基本的社会心理技能整合起来结构和框架，让你更全面地进入莱恩汉称之为"智慧心念"（我们称之为"中心自我"）中去，从而帮助你摆脱痛苦。我们将在书中专门对 DBT 予以阐述。

我们希望你有动力打破这个循环，从而能驾驭这些工具，也就有办法阻止你对冲突循环的推波助澜，尽管有时候共同养育者并不买账。通过控制自己对共同养育者的反应，你可以保持自我意识、更多的中心自我，而不是简单地成为冲突循环中的受害者，而这种冲突循环或许在你离婚前就存在很久了。如果你不再充当这场双人舞中的舞

---

① 共同养育者（co-parent）指共同承担抚养子女义务的家长，尤指作为非亲生父母或不与小孩同住的父母，也称共亲父母；常见于父母离婚后、性少数群体合作养育的家庭中，在本书中指父母离婚后的情况。——译者注

伴，舞蹈就没法跳下去，这就像一场没有空气助燃的熊熊大火很快就会熄灭一样。我们写这本书的目的就是让你获得治愈，在情感上与这种冲突完全分离，从而助你继续前行以拥抱前方更快乐的生活。

和任何死亡一样，婚姻的死亡也会让你在一段时期感到悲伤和哀痛，这需要有一个按自己的时间表进行调整和愈合的过程。我们会帮助你仔细审视婚姻破灭的过程，并针对你在这一痛苦历程中处在什么位置予以评估。我们需要你对自己绝对坦诚，这样你才能真正了解自己是否已接受离婚这一事实，是否已开始构思离婚后的生活新篇章。

阅读完本书，你们中的大多数会发现，你们中的单方或者双方并没有因失去婚姻而感到悲伤。因此，你们仍然在情感上依恋共同养育者，这对你、对你的前任配偶以及你的孩子都是不健康的。虽然在法律层面上你已经离婚了，但你的内心离真正的婚姻结束和能接受这件事还有很远的距离。所以，在某种程度上你和对方还是心理上的夫妻，即使这种感受主要基于消极的情感维系。换句话说，你们已经走完了离婚的法律手续，但心理层面却没有。因此，你们可能会陷入我们常用"舞蹈"做比喻的关系冲突中。弥漫在你们婚姻中的功能失调的态势，现在可能会被这种超强的毒素所助长，并因愤怒、伤害和失望而进一步升级。如果你没有彻底完成婚姻丧失的哀伤进程，达到真正结束和接受的状态，你可能会伤害自己的灵魂，也会阻碍你自己情感的愈合与成长。

如果离婚后双方的冲突还在持续，在我们看来这已呈现出了上瘾的特征，尽管这会对他们和孩子都有伤害，但其中的一方或者双方似乎很需要这种冲突持续下去，因为这种冲突成瘾能维系上一段婚姻夫妻之间的联系。当冲突发生时，分歧是什么已经不重要了，因为任何事情都可能会成为冲突的导火索,这种冲突定会把双方(孩子的父母)绑在一起,尽管是以一种极具破坏性的方式。而你们的孩子在近距离反复观看这种场景后,可想他们的情感安全和发展会受到怎样的挑战。

你们心爱的孩子是否被像你们这样的冲突成瘾的父母抚养大?是否鸡毛蒜皮的小事都能让你们冲突不断?如果是的话,他们会在情感、行为和学业上面临更大的挑战。他们对童年所产生的记忆就是不美好的,他们对未来的亲密关系建立也会产生极大的心理负担。难道这些就是你们想要留给孩子的遗产吗?其实,你们是有机会教他们懂得坚韧的,因为家庭是孩子的安全港湾,而良好的关系也是可以治愈创伤的。我们要用爱而不是愤怒和痛苦主导他们的童年和未来。

本书介绍

本书可以帮助你从离婚冲突循环中解脱出来,保护你的孩子,即使共同养育者并不这样想。

本书第一部分中的几章是专为作为父母的你写的,以帮助你去理解你的情绪反应、你的大脑在冲突时是怎么工作的,以及更好地掌握一些调解情绪的方法,这样你就能逐渐把自己从受害者转换成幸存者,继而转变成英雄。

在第 1 章中,我们会让你了解离婚后未处理的哀伤所带来的情绪反应,以及这些情绪会对你的身心、你的共同养育关系、你生活中的方方面面造成什么样的影响。在第 2 章中,我们会帮助你了解当你陷入冲突时,你的大脑会发生什么变化,并让你获得新的脑科学研究为我们看待情感与大脑的关系所带来的启示。

在第3章中，我们会介绍情绪调节的技巧和策略，这些来自DBT方面的文献，将会侧重于对其他重要的概念（如羞耻、尊严、同情以及正念）的讨论。在第4章中，我们会关注如何发现你的真实自我，以及如何成为一个幸存者甚至是英雄，而不是受害者。我们会从你的离婚经历中寻找成长的机会，帮助你改变对自己的看法，以及在某些重要方面评估你的改变进展。

第二部分将聚焦于在共同养育孩子的过程中你该如何应对。这些章节会告诉你，如何减少你们之间的冲突，如何在你们的共同养育关系上营造安全感，如何做到更多地去爱你的孩子，而不是怨恨孩子的爸爸或妈妈，以及如何从离婚中恢复过来。我们会告诉你该怎样把你的依恋留在过去，和共同养育者从防御、指责以及敌对的互动方式转变成重点明确、富有成效、确实能解决孩子需求的沟通方式。

在第5章中，我们将深入探讨你们之间为什么会产生冲突，并教会你在跟共同养育者互动变得紧张时如何运用抗压技巧。在第6章中，我们将会帮助你们重塑离婚后的关系，从先前的夫妻关系转变为共同养育孩子的合作关系。我们会帮助你回归到对孩子的爱与关注这一核心上来，从而建立起安全的情感联结以完成作为共同养育者的职责。我们还会传授给你一些技巧，以直接阻止你投入到冲突循环中。在第7章中，我们将更深入地探讨第5章和第6章所展示的技能，让你学以致用，和共同养育者共同完成自孩子出生就布置给你们的这项艰巨任务。因为繁衍后代是我们终其一生并且还会代代相传的任务。第8章将重点讨论离婚后的恢复策略。我们将会分享一个我们称之为"GRACE"（即感恩＋尊重＋接纳＋同情＋平静）的概念，并提供一个达成原谅和接受的五步法。

在每一章的末尾，我们都会有一个简单的总结，包括要点总结和"带回家，用起来"的建议清单。我们希望当你时不时翻看回顾本书的内容时，能够通过每一章的总结马上抓住相关要点。

几点说明

我们有意识地将和你一起抚养孩子的你的前任配偶称之为共同养育者而非前任，是为了强调你们需要永远共同分担这一角色，即使你们现在共同养育孩子时配合得并不太好。

顺便说一句，我们在本书中使用的性别并不意味着我们谈论的对象特指男人或者女人、男孩或者女孩。另外，这本书也不仅局限于合法夫妻，事实婚姻家庭中的父母及孩子也能从书中得到很大的帮助来减少冲突。

尽管撰写本书的目的并不是讨论家庭暴力问题，但我们觉得也有必要提一下，在任何时候，如果你或者你孩子的人身安全受到了威胁，你必须在一个安全的时间以一种安全的方式寻求帮助，可以向你信任的亲人、朋友、咨询师、医生、律师、预防家庭暴力热线或儿童保护机构求助，甚至在紧急情况下拨打报警电话。

最后，书中列举的当事人的真实姓名和身份信息已经被匿名处理了。如果你恰好觉得你在这些例子中看到了某些熟人的影子，那纯属巧合。

怎么使用本书

无论你是独自一人肩负着终止冲突的责任,还是你与共同养育者达成了共识并获得了其支持;不管你现在处于哪个阶段,你都可以从这个阶段的下一步开始这段旅程。你可以跟共同养育者分享这一资源,或者先制定让孩子远离冲突的对策。只要你们中有一个人能意识到,持续的冲突对你们心爱的孩子是有害的,无论如何都要走出冲突的状态,那你们就已经向前迈了一大步了。

我们希望你能把这本书当作脱离和跨越冲突过程中发展技能和对策的指南。在读这本书时,我们建议你可以准备一个日记本,用来做书中介绍的大量的有关自我反思和觉察的练习。

让我们开始吧。

目 录

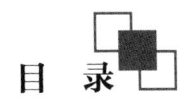

第一部分
走出离婚的阴影，收拾好心情再启航

第1章 如何摆脱因离婚引发的哀伤情绪 /3

为什么离婚会触发强烈的情绪　4
离婚导致哀伤的五个阶段　5
情绪对身体的影响　17
情绪对共同养育孩子的影响　18
情绪对其他方面的影响　20

第 2 章 冲突中被劫持的大脑 / 27

处在战斗、逃跑或僵住状态的大脑　27
大脑的三部分　28
学着打破冲突循环　33
危机变转机　38

第 3 章 情绪调节的技巧与策略 / 41

思维对我们体验的影响　41
羞耻的作用　48
尊严的作用　50
同情的作用　53
情绪调节策略　60

第 4 章 如何从受害者到幸存者,再到英雄 / 77

转变带来的礼物　78
你不是离婚的受害者　85
核心价值观　87
发现真实的自我　91
通过叙事过程完成从受害者到英雄的转变　92

第二部分
为了孩子的未来，走好共同养育的每一步

第 5 章
如何化解与共同养育者的冲突 / 101

自我　　101

冲突循环　　106

情绪和冲突　　109

减少冲突　　115

验伤：此时此地　　124

痛苦耐受急救　　127

恢复　　129

彻底接受　　130

运用你的急救箱　　130

第 6 章
在共同养育中创建安全感 / 133

建立安全依恋　　133

停止功能失调模式　　137

重新定义你的角色　　148

使用结构和技术作为最优实践的工具　　152

第 7 章 爱你的孩子胜过爱争吵 / 155

以孩子为中心的共同养育　156
共同养育的要素　156
专注于爱而非冲突　160
提升人际效能　162
建立共同养育的规则　171
道歉是修复破裂的良方　175
这是一项长远的工作　175

第 8 章 离婚后的恢复 / 179

保持在正轨上　179
宽恕　182
GRACE 五步骤　187

参考文献　197
后　记　201

第一部分

走出离婚的阴影,收拾好心情再启航

第1章

如何摆脱因离婚引发的哀伤情绪

　　为什么有些人随着时间的推移可以从离婚中走出来，开启人生新的篇章，而有些人却似乎年复一年陷在愤怒和痛苦中不能自拔呢？我们相信，当你们中的一方或双方无法完成"婚姻死亡"的哀悼过程时，就会滋生我们在这本书中提到的持续的抵触情绪。在本章中，我们会介绍因离婚而引发哀伤情绪的过程，评估你在这个哀伤过程中走到哪一步了，并探讨如果你还没有完全完成这个过程，可以做些什么来帮助你度过。

　　离婚后未解决的哀伤极易触发你强烈的情绪，这会对你的身体、共同养育关系以及你生活的其他方面持续产生影响。能够觉察到如此强烈的情绪反应，可能意味着哀伤情绪尚未得到缓解或者哀伤过程未完成，这是从离婚的压力和创伤中恢复过来的第一步。一旦能够对离婚做到健康地接受，就可以帮助你在开启人生新篇章的过程中打下稳固的基础。

为什么离婚会触发强烈的情绪

在很多专业人士看来,离婚的压力水平相当于亲人过世。然而,我们认为,在某些方面可能会超过亲人过世带来的压力。很小的时候,我们就体验到了生命的无常。我们看到亲人或宠物逝去,知道生命是会结束的。在某种程度上,我们直接或者间接地为此做准备,当死亡真正发生时,我们会和家人、朋友、我们的宗教团体一起哀悼,甚至有时候还会得到同事的支持。

然而,离婚这一常常被我们描述为"婚姻死亡"的事件,却没有上述的待遇。在结婚伊始,你并不能清晰地认识到你们的婚姻有一天可能会患上"绝症",更没有想到它会有终结的一天;恰恰相反,你的结婚誓言"直到死亡才能让我们分开"表明,只有身体的死亡才能让你们的婚姻结束。然而,婚姻是会变质的,尤其是当你们忙于事业、孩子、社会责任以及共同生活的种种需求时,婚姻关系就会恶化。日复一日的需求会让你们产生距离、痛苦以及怨恨,使这段关系不再保有往日的温暖与亲密。你们每个人可能会采取不同的应对方式,也就很容易背离你们在恋爱期建立起来的核心价值观,当初你们曾反复确认过的对彼此的爱也就渐渐逝去。当你们的关系出了状况,很有可能就再也无法挽回了——你、你的配偶或者你们双方都绝望到了要考虑离婚的地步。绝大多数婚姻都是在夫妻一方或者双方意识到,他们再也无法忍受婚姻带来的痛苦,并对亲密关系的愈合不抱什么希望时走向终点的。当亲人去世时,会有很多的仪式以及来自家人、朋友、社区的支持,但是离婚几乎没有任何仪式,也不会获得外界同样的支持。你的个人丧失经历以及你常用的压力应对方式,影响着你的哀伤以及从离婚中恢复过来的能力。

离婚意味着多重的损失。你生活的几乎每个重要方面都面临变化的威胁。从你最主要的成人关系的变化,到你和孩子相处时间的变化,再到有关你的家庭、社区、财务状况、生活方式、友谊、工作、已婚人士的身份认同甚至宗教归属等方面的变化,几乎没有哪方面的生活不受离婚影响。在整个哀伤过程中,强烈的情绪在不同的阶段都有可能会占据上风。接下来,让我们来看看哀伤的各个阶段以及与之相关的情感吧。需要注意的是,这些阶段并不一定会按顺序发生,它们往往会向前或向后循环。

离婚导致哀伤的五个阶段

美国著名的精神科医生伊丽莎白·库伯勒-罗斯(Elisabeth Kübler-Ross)于1969年提出了用来描述人们在面对死亡时的哀伤五阶段模型,这五个阶段分别是否认、愤怒、讨价还价、沮丧或绝望以及接纳。该模型已被心理学临床工作者及研究人员广泛认可,并已被运用于丧亲、失恋以及离婚的恢复中。下面,我们针对离婚导致哀伤的这些阶段逐一描述。

否认阶段

应对重大丧失的第一个阶段被称为否认阶段。在这个阶段,人们会感到麻木和震惊。遭遇婚姻破裂的你很难接受这一事实,往往会采取否认、回避态度,这样就可以暂时不理会你的悲伤情绪。你还可能会抱着一种不切实际的想法,希望这段感情还可以挽回。刚开始,这种麻木和震惊会保护你不受情绪的负面影响,但当震惊褪去之后,恐惧和痛苦就会随之出现。让我们详细看看恐惧和痛苦这两种普遍的情感体验。

恐惧

离婚会给你的生活造成极大的改变，会给你带来巨大的不确定性、模糊性和恐惧感。这些感受关系到生活的方方面面，因此离婚对你来说是影响很大的事件。

影响基本的需求。从最核心的层面看，我们都有对衣食住行以及健康的需求。离婚多多少少会影响到我们的这些需求，因为不再是夫妻的两个人中至少有一个人不得不搬出共同住所，还会面临经济上的压力以及因对未来的无法预知所带来的不安全感："我住哪儿呢？我将如何度过这段艰难时光呢？我的钱够我每日开销吗？我养孩子的钱够吗？我怎么才能攒够孩子们上大学和我退休后养老的钱呢？"

影响工作和社会交往。离婚也会威胁到我们日常生活的稳定性。如果你要外出上班，你会担心离婚本身和由此产生的孩子抚养责任会影响你安心工作和升职的机会。如果你赋闲在家，离婚会让你担心不得不去找工作的同时还得规划好养育孩子的艰巨任务；或者，你也可能因照顾孩子不能去找工作，但又担心多年以后再去应聘自己的工作技能已落伍了，很难再找到工作。而当你的朋友们如果选边站队时，你的人际关系也可能发生改变，你可能会感觉羞耻，在交往中被孤立；或者，可能你还需要离开你常住的地方以及你的宗教团体。如果你的家族成员因为你离婚而怪你，他们也可能会疏远你。你同样会担心这些变化会对你的孩子产生怎样的影响，你也许会问："孩子们离开了他们的朋友会怎样？他们将如何适应新的学校？"

鉴于所有这些变化，恐惧是哀伤第一个阶段必然的组成部分。练习1-1可以帮助你确定离婚最初会给你带来哪些恐惧。

练习1-1 我的恐惧清单

在你的日记本里，把你一想到离婚或者意识到离婚无法避免就会产生的恐惧列出来，这份清单要尽可能地全面。

通过这份清单，你可能会发现，这些恐惧可以根据我们之前提到的基本需求、工作和社交中的一个或多个方面进行归类。当然，你也可能会有其他的感受。这些感受有多强烈？它们越强烈，对你的影响就越大，你也就越能从学习如何处理它们的具体方法中获益。我们在这本书里会谈到。

痛苦

无论是你主动提出的离婚还是伴侣提出的，离婚带来的痛苦都无外乎以下三个方面。

一是伴侣的行为带来的痛苦。婚姻中产生的痛苦大都跟性、金钱、关照和孩子养育这些方面出现信任危机或背叛有关。你是不是说过"我为婚姻付出这么多，他怎么能这么对我"？这种把婚姻的失败归咎于另一半是一种很正常的反应。然而，这同样也会把你变成了一名受害者，让你深陷在受伤与愤怒中。我们会在本书的后面进一步讨论这个问题，因为很多人都认为这种痛苦是伴侣造成的，因此很难从这种痛苦中解脱出来。

二是自己的行为带来的痛苦。你对加重自己的痛苦又有什么"贡献"呢？在导致你们婚姻破裂上，你是有所为还是有所不为？这些行为给你的自我感觉、你的内在或者你的灵魂带来了痛苦吗？你对伴侣的所作所为是否违背了你的某些价值观？如果是你提出离婚，你会因为离婚给家庭带来的破坏而感到痛苦或者内疚吗？如果是对方提出离婚，你是否会不停地质问自己："我还能采取哪些不一样的做法来挽救我们的关系？"有些人在忍受了不美满的甚至在遭受了虐待的婚姻后会自责"为什么我忍了那么久"，或者"我怎么那么傻呀，竟然忍受了那样的生活"。在某些时候，你可能会原谅伴侣，但你能学会原谅自己吗？这往往会更加困难。

三是孩子受苦带来的痛苦。看着孩子痛苦比看着自己痛苦更让我们难受。这种间接的痛苦（看着别人痛苦而产生的痛苦）会给离婚增加一个痛苦维度，有时候几乎难以忍受，就像孩子痛苦地接受治疗时我们只能无能为力地站在一旁一样。有多少父母宁愿自己去承受这一切，也不愿意看着孩子受苦，自己承受会更容易接受一些。但很不幸的是，在离婚时，你必须面对在孩子身上看到的那些痛苦，而这些痛苦似乎还是因孩子的爸爸或妈妈做了什么或者没做什么导致的。父母在对待、教养孩子方式上的差异，甚至是孩子告诉你，他的爸爸或妈妈跟他怎么说你的，都有可能给你带来无法承受的间接痛苦。

为了确定你痛苦的来源，请完成练习 1–2。

练习 1-2　我的痛苦清单

回答以下问题，列出与离婚相关的情感痛苦的来源。

- 我的痛苦来自哪里？
- 这些痛苦有多少来自当前的丧失？
- 是因为不再信任对方了吗？
- 是因为对方背叛了我吗？
- 是源自我过去的经历吗？
- 是出于对孩子的担忧吗？

你可能会发现，你的痛苦主要是其中一项或者多项造成的。通常，痛苦的来源越多，其强度也就越大。

愤怒阶段

哀伤接下来的阶段是愤怒。你在离婚之初，你的感受主要是焦虑和对未知的恐惧，但说不好什么时候，愤怒就出现了。这种愤怒可能会直接针对伴侣，也可能会针对你自己，还可能针对发生的某件事情或这个世界。当你感到自身的利益受到侵害了，你会愤怒地挺身而出加以维护；当你受到了不友好、不公平或不公正的对待，你也会愤怒地反击或据理力争。愤怒的情绪可以调动你的资源，开始展望未来。你发怒了，表明你正来到了哀伤的第二个阶段，愤怒可以帮助你开始做出一些改变，积极创造一种不再以婚姻为中心的生活。

虽然发泄愤怒对你有某些帮助，但它也可能会给你带来伤害，影响你的判断与自我调整。所以，好好去了解这种情绪很重要。愤怒通常是一种在感觉到被他人伤害、被利用或者自身身心受伤后的反应。在危及生命的情况下，发怒可以让你尽快调整好并积极行动起来。但遗憾的是，在离婚阶段，愤怒反而会阻碍你的恢复，让你深陷冲突当中。你的愤怒可能会有以下两种形式。

对他人愤怒

一般来说，冲别人发怒是很容易的。比如，是你察觉了你的前任因做了什么或者没做什么，而导致你们婚姻破裂的。当你跟朋友或者家人发泄对他的不满而产生愤怒情绪时，会轻易得到他们的理解与声援，他们很可能会说："我真不敢相信，他竟然会这样对你，太不可理喻了，你不应该放过他。"你对伴侣的愤怒也可能会因你的律师抱怨你伴侣的律师的言行而加剧，诸如你伴侣的律师会用歪曲你的客观观点、共同养育者的主张和看法、提出的诉讼动议以及不合理的要求等。

对他人的愤怒会让你产生一种合理的报复感，从而点燃大大小小的争斗，无论是操场上孩子之间的打斗还是国家之间发生的战争都因愤怒而起。一般来讲，双方都会说是自己感受到了伤害，攻击对方是对自己的痛苦和由此产生的愤怒做出的合理反应，并且坚信自己才是正确、正当的一方，必须要以此来捍卫自己的立场和原则。但不幸的是，在家庭中，这种愤怒会导致你们之间无休止的冲突，从而忽视了孩子。比如，给孩子预约医生因时间没达成一致而争吵的时候，或者在某个情景下纠缠到底谁对谁错的时候，你们就不会把注意力放在如何照顾孩子及满足孩子的需求上。

对自己愤怒

对自己愤怒会更复杂一些。原谅他人有多难，原谅我们自己就有多难，甚至会更难一些。我们在后面还会更深入地讨论这个问题。但如果你是那个做错事的人，如你在练习1-2的痛苦清单中提到类似"为什么我会……"或者"为什么我不……"这样的描述，那谁会原谅你呢？你可能一边把自己看作做了错事的人，一边又把自己看作受害者。很多时候，对自己的愤怒会让悲伤和悲痛更为复杂，这种情绪会变成临床上的抑郁症，尤其是当悲伤没有得到处理的时候。能纾解愤怒，这对于你在离婚后更好地适应非常重要，可以让你快乐起来。心里老是愤愤不平而无法释怀，这往往是给你带来持续冲突的根源所在。

让我们借助练习1-3来看看你的愤怒吧。

练习1-3 我的愤怒清单

请在你的日记本上写下你的愤怒，包括：你在生谁的气？你有多生气？写一写你的怒火是如何被点燃的，以及在消除离婚对你的影响方面有什么样的帮助或阻碍。留意你对愤怒的感受。当你写下这些愤怒的时候，还有哪些想法和感受被激活了？愤怒不是凭空存在的，它跟很多其他的想法、感受和行为有关联。

讨价还价阶段

在讨价还价阶段，你考虑了所有能够避免这种结果的可能，甚至承担了婚姻关系破裂的全部责任。你开始想，你还可以做点什么来让这个结果反转呢？你会扪心自问："如果我做了这个，或者没做那个，结果会怎样?"你还会想:"如果我能够做点什么不一样的事情就好了。"毕竟,如果是你"打破了它",那么你应该也能够"修复好它"。你可能会承诺去弥补所有你做错的事,尝试不惜一切代价去修复关系,祈求再让你试一试。要接受没有伴侣的生活太痛苦了。未来又是那么地充满未知,这让大多数人心存恐惧。讨价还价会给你带来一种幻觉,似乎你还能有所把控,但这又往往会让你一遍又一遍地遭受离婚已成既定事实的打击。

练习1-4能帮助你识别你是不是在讨价还价。

练习 1-4 讨价还价清单

想想你在离婚过程中有没有经历过讨价还价阶段。你还记得你当时的感受吗?把你的记忆写在日记本上。你是不是还在思考有哪些本可以避免婚姻破裂的方法?回顾那段时间,你是否沉浸在你(或者共同养育者)本可以避免这个结局的想法里?讨价还价会有很多种不同的形式,也可能与你对自己的行为和对共同养育者的行为的感受相关。想一想讨价还价对你的哀伤进程有什么影响?在你们分手后的哀伤早期阶段,讨价还价可以给你带来一丝希望,也能为你适应没有另一半的生活争取一些时间。如果这个阶段持续太久,可能就会挫伤你前进的动力。你在自己身上认识到了这些吗?你在讨价还价的经历中还有什么发现?

沮丧或绝望阶段

在接受了离婚的既定事实之后，沮丧或绝望阶段就出现了。这一阶段的主要情绪是悲伤和悲痛。悲伤往往是对真实和想象中的损失的一种反应。你失去了什么？现在缺少了什么？哪些梦想没有实现？你可能会发现，你的悲伤主要集中在以下三个方面。

对失去的一切感到悲伤

也许最明显的损失就是在你破碎的婚姻中曾经拥有的东西。是被爱、感到安全、被欣赏、很有趣的感觉吗？是约会时伴侣那充满爱意的眼神吗（现在可能变成了愤怒或者不屑）？是抚摸和拥抱吗？或者是更为具体的损失，如失去了一个家，以及失去了影响你生活的方方面面的一切。

对本该发生却没有发生的事情感到悲伤

有些人也会为他们设想中的情景无法实现而伤感。例如，如果没有离婚，那么出席孩子的婚礼、一起为孙子开庆生宴、互相搀扶着一起变老等这些感觉该有多美好。如果当初自己或者伴侣做了一些不同的事就不会到今天这个地步，一想到这里，他们就会伤心。如果当时自己和伴侣分别或者一同去接受心理治疗，又会怎样？再或者，如果当初自己或者两人没有沉迷于工作，而是一起出去度假，让二人世界更浪漫一些，那又会发生什么？当你为那些本该发生却不再可能实现的事感到心痛不已时，就会发生一股让你感到无比悲伤的强大力量。

对离婚的过程感到悲伤

夫妻关系真到了名存实亡的那一天，一些夫妻会暗自发誓要和平分手，绝不"开战"。他们承诺离婚后彼此会密切合作，始终以公平和负责的方式共同养育孩子。他们还承诺，身为父母，他们会永远爱孩子，和孩子在一起，同时对孩子也会做这样的承诺。你是否发过这样的誓言，许下过这样的承诺呢？可是到了走法律程序的那一天，又会发生什么呢？通常情况下，走离婚法律程序给双方造成的伤害就像伤口上撒盐，伴随着离婚诉讼，必然会发生一方起诉另一方、双方相互指责、一方歪曲事实、隐私遭到侵犯，以及法院下最后通牒等情况，这都会给当事人带来巨大的痛苦和悲伤。

借助练习1-5，确定你悲伤的具体来源，能够帮助你顺利度过这一阶段。

练习1-5　我的悲伤

当你们的婚姻关系结束后，请描述一下你悲伤和难过的感觉是什么样的。这对你有什么影响？你生活中的哪些方面因悲伤而发生了改变？当你完成这个练习后，试着评估一下悲伤对你的生活产生了怎样的影响，还是你感觉已经挺过去了。如果你无法释怀你的悲伤，那么你就觉得生活无趣且黯淡无光，也很难看到光明的未来。如果你在离婚中经历了严重的冲突，你可能还没走出悲伤的这个阶段。

● ●

接纳阶段

当你开始去憧憬没有配偶的未来生活场景，并相信自己在人生的新篇章中也可以过得很好、很完整时，你的离婚哀伤过程中的里程碑阶段就到来了，这个阶段就是离婚的接纳阶段。在接纳阶段，你差不多想开了，能够放下包袱，对未来充满了希望，能够乐观、豁达地继续前行。

确定感

当你到了接纳阶段，你可以更深刻地认识到，你和共同养育者的婚姻并不是什么"天作之合"，对方也不是你的"毕生挚爱"，尽管在结婚之初你是这么想的。现在你知道了，在一段亲密关系中你真正需要的是什么；或者你已明确，今后某个时期还想不想开启新的一段浪漫关系。确定感会让你感受到稳定、安全。

解脱感

伴随着以上这些情绪而来的是一种解脱感，你不需要对离婚感到内疚，只要重视起来即可。这种解脱感会让你明白，从长远来看，离婚对你来说会比让婚姻继续维持下去更好，因为它有以下好处。

能减轻痛苦。从离婚这件事中解脱出来并逐渐适应，会消减痛苦。你不需要通过无休止地忍受痛苦来进行自我修炼，或者向世界证明什么。的确，就像有些人说的那样，你有权或者有义务让孩子和自己及时行乐。痛苦少一点，微笑就会多一点，亲子关系就更融洽，也更能感受到和看到它们（不仅仅是责任和工作）带来的祝福。

获得新的机会和希望。你的解脱感也会给你带来希望和机会。你从离婚中学到了什么？你能否识别出你和前任把童年的创伤带进了彼此的亲密关系中？你是否发现自己会被那些没有激活这些创伤的伴侣所吸引？在生命的这个节点，哪种类型的关系对你来说是重要的？在关系方面，你现在能让孩子学到什么？印度教徒认为，生命是有轮回的。然而，还有一种看待生命的方式，即人在这一生中就可以拥有不同的生活。你生命的不同"篇章"就像不同的人生，离婚带来了开启人生新篇章的机会。但是，也有一些人会在前进的过程中对这种希望和新生活感到内疚，好像幸福多一点有什么不对似的。我们相信，有机会变得更快乐，在道德上没有什么不对。只要你解脱了，继续重视而非忽视那些对你来讲很重要的人，这不算自私。

练习 1-6 正是用来评估你对离婚的接受程度的，充分地思考这一点，对你顺利地走过离婚哀伤的不同阶段是很有帮助的。

练习 1-6 早期的恢复

婚姻即将走到尽头或者已经结束了对你来说有什么好处？

- 我觉得这是一个惊喜吗？
- 有哪些情感上的痛楚被缓解了（比如，牙不痛了）？
- 生活在慢慢改善吗？
- 生活有可能往哪个方向变好呢？

请你把这些问题的答案写在日记本上。

现在，回头再来看看婚姻关系破裂的几个阶段：否认、愤怒、讨价还价、沮丧或绝望以及接受，审视你自己在每个阶段的表现。你是已经到达离婚的接纳阶段了，还是感觉自己卡在了离婚早期的阶段中，可能是在愤怒阶段，或者沮丧或绝望阶段？如果是这样，你就已经确定了关于你自己的重要信息，你现在就可以开始着手去处理了。最终，我们希望这可以帮助你找到进入接纳阶段的方法，让你从与共同养育者的冲突中解脱出来。

• •

当你经历了离婚哀伤的所有阶段后，你和共同养育者的冲突很可能就会减少，这会给你带来情绪上的转变。由于之前长期的情绪压力对身体的影响，情绪的改观也会让你的身体状况得以改善。

情绪对身体的影响

情绪会对我们的身体造成伤害。与繁重的体力劳动或者大强度的体育训练相比，压力大更容易让我们疲惫。有些身体症状是长时间的压力所致，但也有其他症状是对突发的强烈情绪的反应。当然，如果你出现下面描述的症状，或者它们太过强烈，或者你的身体功能受到了明显的影响，我们建议你去寻求心理健康专家或者医生的帮助。

抑郁的征兆

来自离婚压力的情绪反应会引发身体症状，这些症状可能与临床上的抑郁症有关，这就大大超出了因重大丧失而带来的哀伤情绪范畴。临床上抑郁症的症状包括体重、精力、睡眠、注意力上的明显改变，还会产生自杀的想法。抑郁症还可能引发其他方面的问题（如吸毒、酗酒），以及因运动减少而导致的身体问题，甚至是因注意力下降而导致的摔倒等意外事故。患上抑郁症后，你无法去做那些对你来说重要的事情，身为父母的你也更难应对这一角色挑战。它还会带来跟离婚无关的挫折和挑战，这些对你的影响会更大。不是因为你软弱才会抑郁，也不是因为你在面对这一切时没有努力。这不是你的错，也不是因为你选择离婚造成的；相反，它是一种需要心理健康专家进行疏导或精神科医生帮助治疗的疾病。

焦虑的征兆

我们已经探讨过离婚会给你的生活带来怎样的混乱感，你为自己的未来担心是很正常的。然而，担心和压力会让你产生更为严重的焦虑症状。你焦虑后常见的身体症状包括胸部不适或疼痛、腹部不适或腹泻、呼吸困难、呼吸短促、换气过度和头晕，其他症状还包括不祥的预感或者恐惧感，以及做恶梦和睡眠困难。焦虑还可能导致易怒和注意力下降，可能会给你的人际关系和工作带来不利影响。和抑郁症一样，焦虑也是可以治疗的，所以如果你有这些症状，也建议咨询心理健康专家。

情绪对共同养育孩子的影响

你的情绪会不会影响你和共同养育者之间的关系？如果影响了，那么导致你产生这些情绪的刺激源是什么？换句话说，是什么让你如此激动，或者让你做出令你后悔的行为，跟平时的你大相径庭？离婚对共同养育子女的影响是多方面的，而且是深远的。就像我们在前言中说过的，我们认为这可能会导致所谓的冲突成瘾，即使是最细微的养育决定，也会成为双方冲突的主要来源。和其他成瘾一样，冲突成瘾会严重影响你的孩子在家庭中的体验。下面描述的这些反应类型，与我们对突如其来的压力的固有反应有关。在这里，我们将这些反应同离婚后的你和共同养育者之间的反应联系起来。这可以让你在明晰自己行为的同时有个大致的框架，最终能帮助你就你的反应做出改变。

战斗反应

战斗是人类和其他物种在面对威胁或压力时最常见的反应之一。在离婚状态下，战斗表现为孩子的父母双方持续不断地争吵，你们往往会为此耗费大量的精力，从而远远脱离了为孩子好的目的。你们可能会因急于证明自己的观点或解决某个问题而争吵，也有可能会因一个原则问题或者事情的来龙去脉吵个不停。即使你不跟对方吵，也可能会破坏之前你已同意的约定。你们中的一方或者双方可能都会固执己见，不愿在某个问题上让步，似乎从未如此坚持自己的观点。也许你只是想给对方一个教训，仿佛抱怨或者指责对方就能一下子让他改变似的（而过去他一直没有改变过）。这种争吵可能弥漫着问责的意味，如谁对谁错，或者对方没有按计划行事要受到惩罚（比如，接送孩子早了或者晚了）。我们甚至看到过一对父母光顾着争吵到底谁应该负责把药从一个家拿到另一个家，导致孩子没法按时吃药。彼此攻击会让双方把大量的精力耗费在争吵上，导致离婚后的冲突没完没了。

逃跑反应

还有一种反应则是逃跑，就是对共同养育者的挑战或指责等不做回应。这其实也是一种声明或行动，明确地告诉对方："我不会搭理你，你一边待着去吧。"在行为上可能表现为：回避争吵、不接电话、不回邮件或者手机短信；对对方提出的要求不置可否；不给对方回信息等。我们曾见过一个母亲因不接孩子父亲的电话，完全不知道孩子们正在地下室打架，因为她那时正在屋外。原来，这位父亲刚好从孩子那里听到他们在打架，便想打电话告诉孩子的母亲。

僵住反应

还有一种不太为人知的反应，即僵住反应，也就是我们常形容的"呆若木鸡"，是我们面对突如其来、意想不到的压力时的自然反应。这种状态会让你的大脑"一片空白"，说不出话来，甚至在短时间内动弹不得。如果你的前任冷不丁地严厉质问你，你可能就经历了一遍僵住反应。

实际上，战斗、逃跑和僵住这三个反应都是敌对或者防御的不同形式，都会引发冲突。战斗会更加公开和主动，僵住则更加隐蔽和被动，让你无法做出及时、健康的回应。以上这些反应既不会带来和平，也解决不了什么问题，往往在某些方面是婚姻存续时的往事重演，我们也可称之为"婚姻动力"。你和共同养育者可能一会儿处于相同的反应模式，一会儿又处于不同的反应模式。在第 2 章中，我们将讨论当你觉察到危险、威胁，做出战斗、逃跑或者僵住反应时，你的大脑中发生了什么。

情绪对其他方面的影响

很遗憾，我们并不是由单独的小隔间组成的，我们的情绪反应的确会影响到生活的其他部分。但即使把这些方方面面分隔开来看，那也是用屏风或者网格隔开的，而不是用混凝土、钢铁或者是木头隔开的。一个方面的影响很容易溢出或者渗透到另一方面，就像堵车或者工作不顺会影响你回到家跟家人相处一样。我们来看一下会受离婚情绪影响的几个领域。

影响孩子养育

这是最脆弱的，同时也是经常对你的情绪造成消极影响的领域之一。有些父母发现自己对孩子因父母离婚而遭受的痛苦感到无能为力，于是他们会把气撒在对方身上，或者出于内疚而对孩子过于放纵，或者脾气变得暴躁而严厉。你有没有发现，你对孩子的情感投入是不是比以前更少了，或者你不再能容忍孩子的孩子气了？在你的生活即将崩溃，而你的孩子还在抱怨他的朋友没有邀请他去玩的时候，你是不是要烦死了？另外，你还会发现你想对孩子的行为设限却变得困难起来，这是因为你自己情绪低落，根本没有精力去限制孩子使用电子产品或手机，尤其是当你与共同养育者就抚养费分摊、抚养日程安排或者要不要搬家而大吵之后。有时，孩子的行为举止，甚至长相或者体型都会让你联想到对方。在这些情况下，当你的反应变成条件反射，在不经意间会把孩子当成对方时，你就很容易陷入婚姻动力中去。

影响亲朋好友

有时候，你的朋友和家人会选边站队，这些人被称为"希腊合唱团"①。他们会对你的所作所为进行评判，批评你"为什么要这么做"

---

① 希腊合唱团意指他人的观点会对自己形成干扰，导致事情搅和在一起、冲突升级。
　　——译者注

或者"为什么不那样做",他们还可能不会像之前承诺的那样"永远当你的坚强后盾"。他们的言行一再辜负了你对他们的信任,从而让你有第二次被伤害的感觉。他们可能并不了解导致你们离婚的真正的私密原因(你也不一定想告诉他们这些隐私)。同样,考虑到你自己的痛苦,你可能也没有精力一直与他们保持联系。你甚至可能会觉得自己很脆弱,容易被以前根本不会放在心上的事情所困扰。情感上的疏远可能会让你自我封闭起来,抬不起头来,甚至会过度分析和解读那些多年来你亲近的、在意的、一直爱着的人的行为。而这一切都有可能会打破关系的平衡,导致你损失更多,只因为重要的关系(比如姻亲或者朋友)渐行渐远,甚至不再来往。如果你不得不搬家,离开你做礼拜的场所,那你在社区里熟悉的关系也会发生变化,或者成为社区不受欢迎的人。

影响工作

你是不是有一种压得喘不过来气的感觉?一整天,你都盯着手机上律师和伴侣发来的邮件看。离婚的相关事项一直萦绕在你的脑海里,但是你还是要努力工作。你的专注力、你的得体和你的出错率会发生怎样的变化?它们都有可能往不好的方向发展,给你的工作造成麻烦。甚至没有伴侣后的相关生活难题也会让你忧心忡忡。在分手之前,如果你的孩子生病了或者需要去看医生,你还可以跟伴侣商量,这些并不会成为影响工作的大问题。而现在,如果双方没协调好,你就得亲力亲为,在工作中的投入就会减少。你对工作压力的容忍度是不是更低了?当你的生活一团糟时,你就根本没有心情去关心你的订单是不是晚了一天发出,或者文件是不是能够按时提交了。

影响法律程序

在走法律程序时，你有没有心怀愤怒、内疚、怨恨和报复情绪而做决定？大多数人可能都有过。我们见过，有人为了大约150美元的水电费却支付了数千美元；也见过有的父母因两周一轮换的养育计划没能确定孩子到底该在哪里过夜，而启动了司法监护评估程序。在走法律程序时，情绪很容易被掺和进来，反而拉长了这一法律程序的时间，导致在离婚后重新启动法律程序，才能提出相关动议，影响到你和你的孩子。放任你的情绪来影响你的决策会付出高昂的代价，不仅让你深陷冲突，还会让你在有争议的决定上放弃你的那份影响力，因为法院的判决绝不会受到你提出的你能带给孩子幸福、爱、知识等的影响。这绝对是因情绪被掺和进了法律程序而付出的巨大代价。

影响未来的关系

离婚后的痛苦、对抚慰和安全感的需求，会让一些人很轻率就扎进新的一段亲密关系中。他们没有多花一些时间进行充分的疗愈，也无视新的关系可能并不适合的预警信号，甚至可能将自己置于危险境地。一种情况是，如果你不花时间去消化和吸取前一段感情中的教训，你就很有可能找一个重复原有问题的新伴侣；另一种情况是，为了避免痛苦，待在情感安全区，你也许会拒绝可能适合你的新伴侣。即使你开始了一段新恋情，离婚的情绪也会让你对放在任何关系中都很正常的小问题过度敏感，你还可能会一遍遍地向你的新伴侣讲述你的上一段感情故事，从而让他认为你是一个仍没有跨越上一段关系的人；你的情绪还会让你直白地表露对新伴侣的看法，这可能会影响你传递理解和共情的能力，新的关系甚至会逐渐变得像是婚姻问题的重演。

很显然，对离婚的情绪反应是你能想象得到的最深刻、最持久也最普遍的体验之一，就像卷须伸到了你生活的每个角落。当你学会识别和处理离婚情绪时，你就能真正从"憎恨对方"的情绪中走出来，走向你生命中最特别的关系——爱你的孩子。在你读到本书后面的部分时，我们会向你介绍怎样更好地理解这些情绪，然后进行选择，选择能帮助你减少冲突，以及减少对你和你的孩子影响的回应方式。

总结

在这一章中，我们把离婚看成婚姻的死亡。我们的观点是，那些仍然处于严重冲突中的人往往没有摆脱对离婚的哀伤。尽管他们在法律上离婚了，但在情感上也许还没有离婚。为了最终达到离婚的接纳阶段，你必须走完离婚的哀伤过程。就像死亡一样，离婚哀伤也会经历由伊丽莎白·库伯勒-罗斯提出的哀伤历程的各个阶段，每个阶段都有其特定情绪的表达。这些情绪会对你生活的其他领域、你的身体、你与你孩子的共同养育者的关系产生影响。战斗、逃跑和僵住是人们面对威胁或者危险时的本能反应，这些反应又会进一步加剧离婚哀伤的过程。我们将在第2章中对战斗反应、逃跑反应和僵住反应，以及在绵延不断的冲突中，大脑是怎么运作的加以详细的阐述。

带回家，用起来

要想活学活用本章的知识点，请试试下面的建议。

* 评估你在离婚哀伤进程中的位置。如果你发现自己仍停留在愤怒或者悲伤阶段，找一名心理咨询师、支持小组或者其他资源来帮助你进入下一个阶段。
* 识别你现在带着什么情绪。你能积极地运用它们创造新事物，或者从中获得成长吗？
* 把记日记当作一种自我反思的方法。当你的想法、见解、疑惑和问题冒出来的时候，把它们写在你的日记本上吧。不要修改，也别担心写错字或者语法不规范，让你的心声宣泄出来就好。

第 2 章

冲突中被劫持的大脑

在第 1 章，我们介绍了哀伤的各个阶段、与这几个阶段相关的情绪，以及你和共同养育者在严重冲突时的战斗反应、逃跑反应和僵住反应是什么样的。在这一章，我们将会介绍，当你被这些来自脑干的基本反应控制，对共同养育者做出以上某种反应时，你的大脑发生了什么。我们会描述当你处于冲突时，你的大脑是如何运作的。对这些现象的了解可以帮你摆脱冲突的束缚，修复你们在共同养育关系中的裂痕。

处在战斗、逃跑或僵住状态的大脑

战斗、逃跑或僵住反应在生物学上是人类面对感知到的威胁或危险的固有反应，这些反应由我们的脑干和杏仁核共同控制。杏仁核是一个原始的大脑结构，是 200 多万年前进化而来的。杏仁核实际上有两个小结构，大小和形状都像一颗杏仁，是大脑边缘系统的一部分。在某种意义上，杏仁核能扫描周围环境中对我们的安全和健康构成威胁的事物，搜寻有没有类似"狮子、老虎和熊"等猛兽，并解读这些感知到的信息是否构成威胁。一旦感觉到有威胁，不管是真是假，脑干都会让我们的身体做好行动准备。

对处在激烈冲突中的共同养育者们来说，近20年来有关大脑功能的很多令人激动的新发现都非常有用。了解我们的大脑是如何运作的，可以让我们把危机变成成长的契机。

大脑的三部分

可以说，我们的大脑是由三个主要区域构成的，也被称为三位一体大脑，或者三分结构大脑。为了把这三个部分之间的关系形象化，我们可以用手来比画一个大脑模型。如果你把大拇指蜷在手掌里，然后把其他手指弯过来，盖住大拇指形成拳头状，这基本就是大脑的三维模型。在这个模型中，你的手指代表大脑最外层的区域，也就是大脑皮层，这是我们用来思考、推理和感知外部世界的部位，也被称为高级心理功能区。在大脑皮层的下方是边缘系统，它由我们的大拇指代表。大脑的这部分处理我们的情绪、动机、记忆、依恋关系，以及我们如何为经历赋予意义，如这件事的意义是什么、一段经历的结果和后果是什么、我们怎么推断和弄懂一件事、事情的真相是什么，等等。而在我们的掌心位置，是大脑中最原始的区域——脑干。在脑干中，战斗、逃跑或者僵住的生存反应会被激活。这部分大脑还调节我们的基本身体功能，比如心跳和呼吸频率。

大脑皮层，即大脑的覆盖层有不同的区域，它们承担着不同的功能。前额叶皮层连接着我们大脑的三个区域，负责调节大脑内部，以及我们的身体和外部世界信息的输入与输出，让我们和自己的身体以及和生活中的其他人（如我们的家人、朋友、同事以及接触到的其他人）保持平衡。这是大脑进行思考、推理和问题解决的部分。但是，当我们处于高度戒备状态，被原始大脑（有时也称为猴子脑）支配时，我们会"情绪失控"（再想想大脑的手模型，突然竖起盖着大拇指和掌心的手指），会失去健全的心智。在这些时刻，我们就会缺乏灵活性，这会反映在自我洞察、理性思考甚至情绪平衡、共情以及道德方面，好像这些思维过程都开启了自动驾驶模式一样。

情绪失控时，"走歪道"还是"走正道"

在美国总统竞选中，我们看到很多有关候选人诋毁、诽谤对手的报道，我们也听到了米歇尔·奥巴马那句名言——"他们走歪道，我们却要走正道"，这句话对冲突中的共同养育者来说也是一句很好的箴言。

什么是"歪道"？如果我们"走歪道"会发生什么？当我们的边缘系统被触发时，我们很可能无法控制我们的言行，会冲动地说一些刻薄的话，做一些伤害关系的事，我们称之为"走歪道"。我们的言语和行为会不受思考和理性头脑的控制，因为大脑的高级功能被我们忽视了。1995年，哈佛大学心理学博士、行为与脑科学专家丹尼尔·戈尔曼（Daniel Goleman）提出了"杏仁核劫持"这一概念，用来描述当我们大怒、做出破坏关系的行为时发生的状况。在这些杏仁核被劫持的时刻，我们的智商值仿佛直降了50点，我们没法理性地思考、行事或者做决定。如果没有接受过如何控制战斗、逃跑或僵住反应的训练，那在这些关键时刻，我们只能听命于原始的猴子脑的摆布，很有可能"走歪道"。然而，当我们意识到自己的情绪被激活了，在说话和行动之前就会稍做停顿，多花一点时间深思熟虑，我们就可以准备"走正道"了。

试想一下，一位飞行员和副驾驶正在 10 千米的高空驾驶飞机，发动机突然着火了。他们可以争吵并互相指责，说这是谁的错，是谁在起飞前最后一次检查了发动机，是谁应该紧盯着控制面板上的仪表盘，这样他们就能在问题产生之前有所察觉。或者，他们也可以逃避，跟另一个人说"我不想管这件事，你来吧"。他们还可以跑出驾驶室对着机舱大喊"有台发动机着火啦"。再或者，他们愣在那里或瘫坐在地上说"天啊，发动机着火了"。然而幸运的是，他们可以克服脑干的原始反应，依靠更高级的大脑功能，根据已经学习和练习过无数遍的紧急预案进行反应。换句话说，他们可以"走正道"。所以，即使他们很惶恐、焦虑，仍能采取必要的措施将飞机平安降落在最近的机场。

现在，就让我们把这个要点用到自己的生活中吧。

练习 2-1　了解自己的情绪反应

想一想你自己的反应性情绪爆发的经历。在那一时刻，你的身体会有什么感觉？当你的情绪以这种方式被激活的时候，你倾向于做出战斗反应、逃跑反应还是僵住反应？在相同情景下，当你面对其他人和面对共同养育者时，你做出的反应是否一样？把你的体验写在日记本上吧。当你回顾自己的情绪被激活的状态时，看看能找到什么共同点。

杏仁核劫持的剖析

我们在第1章提到，婚姻的结束常常伴随着诸多伤害、愤怒、背叛以及信任崩塌。白头偕老的梦想破灭了，空留被激惹的情绪。假如小时候你也遭遇了父母离婚，那么你要处理的丧失和悲伤则是多层次的。从法律的层面看，法律条文及程序常常会激起离婚父母的冲突情绪，让他们为了孩子和金钱在法律上互相为敌、互相对峙，这会让父母轻易地被杏仁核劫持，做出战斗、逃跑或僵住反应。如果在婚姻结束时，你经历了信任破裂或者残酷的法律诉讼，你会遭受精神创伤。你的身体调节系统处于高度警惕状态，准备迎接生命威胁的挑战，随时可能启动。在这些压力情景中，肾上腺会分泌大量激素，这种激素就是皮质醇，这是一种应对压力的短期方法。但如果你处在持续的、高压迫性的以及长期的应战状态中，这种方法就成问题了。当你的皮质醇水平持续走高，就像你在离婚期间和离婚后处于的激烈冲突状态中一样，即使是很小的压力也会引发战斗、逃跑或者僵住反应。

美国著名积极心理学家丹尼尔·西格尔（Daniel Siegel）将我们的心理世界比作一片充满着想法、感受、愿望、梦想和希望的深海；同时，担忧、悲伤、恐惧、遗憾和噩梦这些"阴暗面"在那里也会对我们产生威胁。生活在与共同养育者冲突的状态下，可能会让这片深海被搅动，那里风浪很大，水波翻腾。当你陷入与前任的冲突时，哪怕是最轻微的表情、肢体语言、言行都会被双方解读为故意的挑衅，并且可能演变成冲突，而且往往就当着孩子的面爆发了。长期处于冲突关系中的感受，在某些方面和战场上士兵的感受有点类似：持续处于高度戒备状态，不时被敌方的恐怖攻击所打断。在长期的戒备状态下，只言片语、一个手势或者一个表情，都很容易被误解成对自身身体、情感安全方面的威胁，这很常见。在这些时刻，你很容易被杏仁核劫持，要么向共同养育者进攻，要么从互动中逃跑，或者在彻底无助的时候僵住。

杏仁核劫持的案例研究

当孩子的父母处在冲突状态下，即便是谁去学校接孩子，或者由谁带孩子去看医生这样日常安排好的事项，都有可能像等待火车出事故一样可怕。其他的情景也一样，充斥着如此多的自然情绪，不可避免会让人崩溃（杏仁核劫持），这对于旁观者来说完全是可以预见得到的。

下面的案例就是扎克和卡拉所经历的，他们正在面临情绪的挑战。

他们已经离婚分居了，由于家里养的狗病重，他们正在就狗狗的健康问题做决定。两个人计划下午晚些时候要解决一个棘手的养育问题，即一起去咨询一名儿科内分泌专家，以便更多地了解他们儿子的青少年糖尿病问题，以及怎么保证孩子在两个家都能得到最好的照顾。然而对于如何最好地解决问题以及双方要遵循什么规则，他们却有不同的看法，而且双方都指责对方没有考虑到孩子的需要。即使是一起去咨询医生，决定由谁来做这件事，也耗费了他们很多的时间和精力。

本来，扎克和卡拉一直把讨论的焦点放在狗狗的病情上，可后来扎克聊到的一个话题却激怒了卡拉。扎克坚持下周末要带他的女朋友去参加儿子的篮球比赛。卡拉努力向他解释，她希望儿子哈利在比赛期间不要有任何压力，为此她提出扎克的女朋友这次比赛就不要去了。扎克勃然大怒，脱口而出："是我付了孩子的抚养费，他才能参加这样的活动，我可不想让我的女朋友一个人待在家里。"卡拉试图解释自己的观点，这样做并不是把他的女朋友排除在外，而是要确保在比赛期间不要有冲突，一旦有冲突势必会分散哈利的专注力，影响他场上的发挥。她希望这场比赛能给孩子留下美好的回忆。在陈述自己的理由时，她这样说："你的女朋友还不是一个母亲，她不会理解我们孩子的感受的。"听到这话，扎克更火了，冲动地说："那我要让她怀孕，这样她就是个妈妈了！就这样！"两人都被激怒了，冲突升级，对话也越扯越远。所有的警报都拉响，平和的气氛瞬间崩溃。当天晚些时候的咨询也没有什么成效，扎克是从内分泌科医生那里气哼哼地离开的。精心的计划被打破，解决孩子糖尿病的共同目标也没有达成。结局就是每个人都输了。

有什么可以避免杏仁核劫持吗？扎克和卡拉是否应该意识到他们是因为情绪被激惹而爆发冲突的？他们中是否有人应该站出来说："我们稍后再谈孩子的篮球锦标赛如何？"下面我们会给出答案。

学着打破冲突循环

打破冲突循环的第一步，是了解大脑功能在其中扮演的角色。第二步需要用到两种策略来回顾过去的崩溃经历，以后避免再犯。第三步则要放慢脚步，让你的情绪和身体反应平静下来，意识到这种情况并不是真实的威胁，而是一个你可以应对的不舒服的体验。简言之，我们可以通过训练来识别和打破那些自动的、本能的反应，这样我们就能做出自控的、有意的、深思熟虑的反应。

神经可塑性

据丹尼尔·西格尔所说，我们可以用思维来改变大脑的活动和结构。通过有意识的认知和集中注意力，你可以改变神经元放电的方式，改变它们之间的联系，在大脑中创建新的回路。这听起来很神奇，是不是？这个过程被称作神经可塑性，对于高度冲突中的共同养育者尤其重要。在你和共同养育者的冲突中，一旦你拥有改变思维模式的力量，就可以改变自己的心态，重新定义和改变你对冲突的看法以及参与度，开始把孩子带离"战场"。当你这么做的时候，孩子们至少会体验到父母中的一个人是平和的，同时你也在教他们如何适应。

我们想说的是，你可以用你的思维改变大脑。通过有意识地做决定，你会为孩子选择一种平和的生活，创造一种中立、商业化的方法来共同养育孩子，作为共同养育者，你们就可以着手改变你们之间的冲突状态。你得克制自己不要上当，不陷在冲突里，也不要让自己被对方牵着走向对立面。为了做到这一点，练习以及熟记一种新的反应是很重要的，这种新的反应要能够压过你的战斗、逃跑或者僵住反应，保护你不被杏仁核劫持。就像前面例子中的飞行员一样，你必须训练出一种"自上而下"的反应模式，这种反应来自你大脑的高级功能区——思考和理性大脑——并用这套"应急储备"来付诸实践。

你也能意识到，有些事情是你不知道的，因为你不是神，是人就有盲区。如果你们双方都能对自己的行为百分之百负责，完全关注自身，那么你们就不大可能会把消极的互动归咎于对方。

打破冲突循环的两个策略

你需要了解两个有价值的概念,并把它们变成自己的策略工具,一个是我们所说的后见之明(20–20 hindsight)[①],另一个是丹尼尔·西格尔提出的"第七感"(mindsight)。当你回头看看和共同养育者闹崩的过程,想想以后怎么避免时,这两个工具会对你特别有用。通常,崩溃之后会达到更深一层的理解,这让你能在冲突过程中做出不同的反应。本质上,我们可以把"崩溃"变成"破壳而出"。

后见之明

我们经常在对过去发生的事做总结时看到之前不那么明显的事情,我们称之为"后见之明"。在冲突发生时我们情绪紧张,感觉有压力,处于冲突中的正在离婚或者已经离婚的你正是如此,看起来此时此刻除了被情绪驱使,别无他法了。但是有了这些来自事后诸葛亮的觉察和理解,你可以让自己在下次失控之前做好准备。你可以做一些练习,帮助自己慢下来,停下来思考,或者放松,这样你就不会被杏仁核劫持了。知道怎么控制和保持理智,可以让你在冲突的时候找到解药。

第七感

丹尼尔·西格尔把第七感描述成一种可以培养发展的技能,也是可以在人际关系中使用的"转换工具"。他认为,这是能够在任何人身上(不管早期经历了什么)、在任何年龄都可以发展出来的东西。

第七感是集中注意力的一种方式,它能让我们看到自己思维的

---

① 20–20 hindsight 是美国的一个俚语,表示"看往事的视力是完美的,形容事后聪明,即后见之明"。——译者注

内部运作过程。它帮我们看清自己的心理过程而不受它们的影响,让我们摆脱像自动驾驶一样根深蒂固的行为和习惯性反应,超越很容易陷进去的反应性情绪循环。它还让我们能"指出并驯服"体验到的情绪,而不是被情绪压垮。

对于已离婚的你来说,第七感这个工具很有价值。通过聚焦你的内心世界,尤其是你怎么解读和理解你自己以及共同养育者,你可以"重塑你的神经通路,刺激那些对你的心理健康很重要的大脑区域的生长",这包括学着用开放、客观和观察的方式反思自己行为的能力。当你"走歪道"时,还能够带着好奇心去回顾是什么触发了你的情绪、你经历了怎么样的过程,而不是简单地复述这件事,为自己辩护,这才是关键所在。回头看看发生了什么,审视自己的内心,为自己的言行负责。当你深陷冲突中时,致力于学习使用这些技巧,才是给自己和孩子的一份礼物。

练习 2-2 使用后见之明和第七感

翻看一下本章你记的第一篇日记,看看你描述的那次情绪反应或情绪爆发吧。现在,用后见之明和第七感来审视那次经历。你能做点什么来阻止那次反应?你怎样利用你大脑的高级功能,即你的思考和推理大脑来做出不同的反应,带来不同的结果?把你的计划写下来,以便将来使用。

慢下来，专注于你的呼吸

在学习使用后见之明和第七感的时候，你可以学习怎样用呼吸来帮你度过那些你认为困难的时刻。当你处于一个太过熟悉的痛苦时刻时，你可以让自己慢下来，把注意力放在你的呼吸上，给自己留时间做出深思熟虑的回应。我们将在第3章对此进行更深入的讨论。不过，我们先花点时间来看看让你慢下来专注于呼吸的方法吧。

练习 2-3　一个简单的呼吸练习：三部分呼吸法

在一个安静的地方坐下或者躺下来，将一只手放在腹部，另一只手放在胸口。开始专注于你的呼吸。用鼻子慢慢地、深深地吸气。注意，当你深吸气时，你的腹部要鼓起来，感觉吸的气填满了你的腹腔（第一部分），然后让气体填满你的肺部（第二部分），最后填满你的整个胸腔（第三部分）。稍作停顿，然后慢慢地用嘴一点点呼气，你能感觉到温暖的气息离开了你的胸腔，离开了你的肺部，离开了你的腹腔。你应感受到，当空气进入鼻孔的时候是凉丝丝的；而当你用嘴巴缓缓呼出的时候，空气是温热的。做10次深呼吸，去觉察你呼吸的三个部分。当你做完10次深呼吸，留意你的感觉是否有所不同，有怎样的不同。是什么发生了改变？做完这个练习，你有没有哪怕一点点更舒服的感受？无论什么时候你感觉压力很大，或者需要集中注意力，你都可以用这个方法或者别的方法专注于呼吸。你的呼吸始终与你同在，呼吸法是一个你可以利用让自己平静下来的工具，以坚定地保持着中心自我的状态。

危机变转机

在离婚后的共同养育关系中，崩溃是不可避免的。实际上，在某些变化时期，这往往是可以预见的。认识到有些情况为破裂埋下了伏笔，能让你理解你自己的情绪反应，并且帮助你为那些时刻做好准备。它还可以帮你带着自我同情（不是羞耻）接受自己"走歪道"，这也会让你更快地好起来。回到卡拉和扎克的例子上，关系破裂的背景是狗得了重病以及围绕这件事引发的种种压力。搬家和人生重要节点的仪式，如毕业典礼、洗礼仪式、出生和死亡，都可能成为触发冲突的时刻。当然，当一个人再婚或者跟别人确立关系，或者又有了一个孩子，冲突便一触即发了。

但你可以选择"走正道"。在面对这些剧增的压力和紧张情绪时，如果你需要额外的帮助以制定预防策略，你可以寻求专业帮助。你可以把你学到的新知识利用起来，包括大脑功能以及你是怎么被猴子脑控制，从而想要做出报复反应的，等等；这样你就是以"全副武装、准备好"的状态，用你的策略去应对这些反应，调动你的高级皮层功能，更快地行动起来去修复裂痕。事实上，在这一时刻意识到这些，可以为理解上的突破和建立长期稳定的共同养育关系提供机会。

练习 2-4 变危机为转机

回顾一下共同养育关系中的每次交流，把让你觉得脆弱、情绪容易爆发的那些经历记在你的日记中，并描述当时都发生了什么。在写的过程中你也许会找到行为模式，那就把它和你在共同养育中更信任对方也更有灵活性的时期对比一下，看看是什么条件或者事件引发了那次冲突？又是什么条件或者事件带来了健康的共同养育交流？你能找到让危机本可以变成（或已经变成）机遇的方法吗？

你可以成为那个先去做出建设性改变的一方，不要等待对方先行动。把你的高冲突的养育关系变成一种中立的关系，甚至达到你可以引以为荣的关系。这可以创造出大量的机会，包括给你的孩子示范如何在关系中适应。你可以起这个带头作用的。

总结

在本章中，我们介绍了人际交往的神经生物学的科学原理，并介绍了大脑三部分的功能。当你处于持续的冲突中，杏仁核会劫持你大脑的高级功能，让你很容易说翻脸就翻脸，"走歪道"，做出冲动性的行为。为了对抗这种倾向，并准备好应对与共同养育者之间不可避免的激烈冲突，你可以使用后见之明和第七感这两个实用工具。在下一章，我们将介绍如何管理你的情绪反应，介绍羞耻、尊严和正念这些概念，并学习情绪调节策略。

带回家，用起来

要想活学活用本章的知识点，请试试下面的建议。

* 开始去觉察，是什么触发或者激惹你进入失控状态，并对那些时刻有所预判。当你面对挑衅的时候，找到自己的应对策略。
* 对自己发誓，为了孩子，尤其是在他们在场的时候，你不会被杏仁核劫持。
* 大量且反复练习应对压力情景的策略，就像我们在本章中提到的飞行员。应急预案训练是关键。
* 运用你的后见之明来分析崩溃时刻，并有所突破。回顾那些突然崩溃或者突然爆发的时刻，试着放慢速度去审视它们。为你将来怎么应对这种情景制定策略。
* 通过"指出和驯服"你的情绪来练习发展你的第七感。仔细观察你的反应，找出诱发的因素，当你看到它们再次来临的时候提高警惕，这样你就能以一种冷静、中立的方式回应它们，就好像它们与你无关一样。
* 练习简单的呼吸技巧，比如三部分呼吸法和其他自我舒缓的策略。

第 3 章

情绪调节的技巧与策略

在第 2 章中,你已经了解了你的情绪会对你的大脑产生影响,大脑自然地会对身体产生影响。不过,我们还有一个需要考虑的因素——思维。思维是由我们有意识的思维和知觉(我们意识到的),以及我们无意识的思维和知觉(那些我们没有意识到的)组成的。有意识和无意识的思维和知觉都会影响我们的身体、行为以及对他人的反应。你的情绪、你的身体以及你的思维会互相影响。在本章中,我们将阐述情绪调节的概念,这是一种能改变自己的想法和知觉的能力,以便对不能改变的现状做出不同的反应。我们也会介绍内在价值、同情心的见证、正念和自我肯定等几个新概念。

思维对我们体验的影响

举个简单的例子,艾米、比尔和卡莉互不相识,他们同一时间在同一家电影院看了同一部电影。他们恰好还坐在同一排,彼此相邻。

这部电影是一个带有惊悚情节的谍战爱情片。电影结束后，他们各自把观后感发到了朋友圈：

艾米：多么精彩又激动人心的爱情故事啊！

比尔：这是一部多愁善感的爱情故事片，也是一部了不起的惊悚悬疑片。

卡莉：这部电影很血腥、很烂，有的情节胡编乱造。还是省省吧。

这到底是怎么回事？艾米、比尔和卡莉对完全一样的刺激（电影）有三种截然不同的反应。实际上，我们可以说，他们的反应甚至不是对真实事物的反应，而是对电影中出现的图像和声音的反应。那么，是什么造成了这三种不同的反应呢？

如果你的回答是"因为他们每个人把某些东西带进了电影里""这反映了他们是谁"等，那你是对的。这三位观众带着各自的人生阅历和看待事物的方式（即他们自己的标签）走进了电影院，正是这个原因让他们对同一件事有了不同的体验。

如果你再问他们各自的感觉如何，你可能会听到以下内容：

艾米：我感觉好极了。超级棒的体验啊！

比尔：很刺激，虽然片中的爱情故事有点夸张。

卡莉：简直浪费我的时间和金钱，我好失望。

他们每个人对自己说的话都会影响各自的反应，而这部电影其实并没有对他们做什么。电影本身并不会特意让他们产生什么感觉，他们对电影的反应取决于他们各自的身份和此前的经历。艾米、比尔和卡莉走进电影的时候就是不一样的人，离开的时候带走的感受当然也是不一样的。

虽然生活不是一部电影，但包括共同养育者在内的所有人往往更强调别人施加给我们的影响，而不是我们如何解读、如何反应。在一段走向失败或者已经失败的婚姻中，对于这样的场景我们太熟悉不过了。例如，你满眼都是你的配偶做了许许多多伤害你的事，你对你们的婚姻如此呵护、满怀期望，到头来却只有沮丧和失望。很多情况下，对共同养育者来说也是一样的。在他步入婚姻殿堂时，也带着他自己的经历及其看待爱情、亲密关系和陪伴方式的观念。当婚姻失败时，他可能会变得口无遮拦（有可能是被激怒了），告诉你是你如何辜负了他。他可能在整个婚姻存续过程中反复跟你说过这些，他其实是在告诉你，他希望看到的剧本（或者他希望你做到的）并没有上演。下面，让我们看看这些在你的婚姻中是怎么起作用的吧。

练习3-1 共同养育者的剧本

在你的日记本上写下三件最令你烦心的、共同养育者指责你的事。换句话说，写下你曾听到的觉得很受伤的话，比如"我难过都是因为你。如果你没有_____，一切都会好起来的。"

这就是共同养育者的剧本。就像我们在电影院案例中了解到的，剧本很有可能基于他早年的经历，这些经历又影响了他在亲密关系中所扮演的角色，以及他在婚姻存续期间和离婚后对你有怎样的期望。你无法改变这个剧本，因为它不是你的，它只属于他自己。这就像试图去说服卡莉，她应该重新评估、好好欣赏那部电影。她的印象、她的观点以及她在电影中寻找的东西都是她自己的，无论你怎么尝试着用极具逻辑推理的分析去说服她，她都不会改变。

接下来，在日记本上写下你对这些批评的通常反应。例如，你曾经花了多少精力，现在还在花多少精力去试图改变共同养育者对你的印象和反应？你有没有尝试着去满足他的期望，是否有一种好不容易攀到山顶却发现还有另一座山等着你爬的感觉？你对他的抱怨和失望有何反应？你会不会退缩（逃跑），告诉自己："算了，他就是这么不可理喻，我受够了，不会再理他了。"或者，你会不会反击或者辩解（战斗）："你是在责怪我吗？你怎么能这么说？看看你自己又有多好呢？你甚至不敢为你自己做的好事负责！"当然，在疾风暴雨过去（僵住）之前，你脑子里也可能是一片空白，发现自己什么都说不出来。

上述的反应是你自己的，并不是对共同养育者行为的反射。

··

改变你的观点

你可以学着做出不同的反应，这意味着你要审视自己的思维方式。本质上讲，你是在看共同养育者的电影，同时他也在看你的。也就是说，你是带着你自己的一切在这段关系里和他互动。

你可能会发现，在他对你的行为感到不舒服时，作为回应，你会忍不住问自己："我所做的一切都没错啊，为什么（对方的名字）总是这么对我？"这种循环可以无休止地重复下去，因为它不会让你的观点或者对方的观点发生任何改变；相反，开始问自己下面的这些问题则是很重要的，比如："为什么我总期待他能'明白'？为什么我总期待他能看到我的付出？为什么他一生气我总是中招？"

接下来的练习可能会帮助你开始改变你的观点。

练习 3-2　被不停地谩骂时的应对策略

假设，你开车送孩子去共同养育者的家，结果迟到了，或者经历了其他一些经常发生在你们之间的事，对方立马对你的人格进行了一番攻击。想象一下，你正遭受着对方不停的谩骂，此刻，不要在这些攻击面前进行辩护。事实上，与其把它看成攻击，不如把它看成某个人的不满（不论对谁都不满）。在你的日记本上写下如果不是针对你，你会怎么回应。如果是你最要好的朋友或者邻居跟你聊起这个事呢？你会听着，但不会往心里去吧？从这个角度，留意你的感受有什么不同。当你在听你朋友或者邻居的讲述时，你不会怀疑你的自我价值。他的情绪反应和你的价值完全无关。为什么当这个人变成了共同养育者，情况就变了呢？我们认为不应该呀。

从某种意义上说，你就是共同养育者在评价的电影，他的反应就是他的感受。虽然他说这是关于你的，但实际上这是关于他的，或者是他曾经带到你们关系中的，或者是他曾经想从婚姻中获取的。这甚至可能是他现在仍然想从目前的关系中得到的，即他现在想要你成为什么样的人。所以，共同养育者的反对真的不是针对你，而是针对你没有达到他的期望。如果你对自己说，我一定要达到他的期望，那你就掉进了为别人的经历负责的情绪困扰中，仿佛艾米会因为并不认识的卡莉不喜欢那部电影而心怀愧疚一样。即使她们彼此认识，艾米选择观看这部电影，卡莉的反应也不是因为艾米，即并不是艾米导致卡莉有了那些反应。这些练习能否帮你认识到,并不是共同养育者的行为引发了你的反应?

你的思维和你告诉自己的故事

我们一直在考虑你的前任是怎么评价你的,现在让我们把难度升级。我们来看看这个反向的过程,你对对方的评价是如何影响了你,这才是你的情绪真正被激活的地方。

练习3-3 我的抱怨清单

在你的日记本上,做一个如下所示的三栏表格。

我责怪共同养育者的三件烦心事	1. 2. 3.
我对这三件事各有什么感受	1. 2. 3.
我对这三种情况的影响	1. 2. 3.

最让你抱怨共同养育者的是哪三件烦心事?把它们写在第一栏中。

在第二栏中,写下它们带给你的感觉。这是最难的部分,需要多花点时间。试着尽可能诚实地、发自内心说出这些经历是让你如何受伤和不安的。

在第三栏中写下你的行为对这三种情景的影响。你是如何告诉自己，这些事情有多可怕或者多糟糕的？它们给你造成的影响是什么？你应该说什么，或者本来应该说什么？共同养育者应该怎么做？注意你说这些时的情绪强度。

· ·

在这里，你有机会开始找回控制。最重要的不是发生了什么，而是你如何看待发生的事情以及你赋予它的意义。让我们一起来看看，你的"故事"或者如专业人士所说的你的描述有哪些元素。如果你把你或者共同养育者做的三件事描述成诸如"糟糕的""可怕的""灾难性的"，你会感到沮丧、受伤害和失控。这些词语定义了问题的严重性，但是在很多方面这些描述是相当主观的。

虽然离婚可能让你感觉很糟糕，但如果你试着去客观地看待这件事，你就会意识到，可能还有其他比现在更糟的事情或者境况。尽管这并不会减轻离婚带给你的痛苦，但可以让你从另一个视角来看待离婚这件事。下面让我们多花点时间，从一个更全面的视角来看待离婚这件事。

真的没有比婚姻破裂或者这种破裂的方式更糟糕的事了吗？在所有可能降临的糟心事中，离婚算什么呢？当然，即便是你提出的分手，婚姻结束也绝不是什么幸福或者美妙的经历，但离婚就算是人类所能经历的最糟糕的事了吗？如果把可怕的事情分为10级，10代表可能发生的最糟糕的事情，0代表一点也不糟糕，那么离婚会排在什么分值呢？它肯定不是0，而且很有可能高于5。但它是10吗？只有正确看待这个问题，才有助于改变你的大脑和情绪对这个压力源的反应。

如果你认为离婚是一个主要的、持续的压力源，你身体的反应当然跟你把它看作巨大压力（如被诊断出罹患绝症、成为恐怖袭击的受害者、遭受海啸重创等）是不同的。想象一下，如果你改变了描述的视角，你的身体和情绪会基于你如何看待这种情景而做出反应——这就是一部关于你自己生活的电影。

羞耻的作用

研究人员布琳·布朗（Brené Brown）对羞耻感进行了广泛研究。她把羞耻描述为一种普遍的情感，指出它源自我们对完美和适应的愿望和需要。当我们因为自己的某些方面（长相、工作、养育、家庭、消费习惯、择偶或者婚姻中的角色）被评价或者被奚落时，我们就会觉得羞耻。我们也会严苛地评价自己，自感无地自容。当我们感觉不到价值感，或者不被自己或他人接受的时候，就会体验到羞耻感。

当你和共同养育者的关系破裂时，你们中的一方或者双方就会进入战斗、逃跑或僵住的反应模式，本来就存在的关系裂痕会越来越大。通常情况下，在这些事发生后，你可能会感觉羞愧、尴尬、懊恼或后悔。你可能会想："我怎么会让他那样对我呢？"如果你的反应被人看到了，你也可能会觉得尴尬，会纳闷："我到底怎么了？"或者"我怎么会那样做呢？那可一点都不像我呀。"当你知道别人目睹了你的反应，你可能会感到更加羞愧或者耻辱。你可以把它看作一个公式：

反应性 = 羞耻感

当你觉得羞耻或者很脆弱的时候，试图去修复关系中的裂痕或者破裂就会特别困难，尤其是对一个你已经不再信任的人。通过了解大脑的工作原理，以及互动中的高冲突是如何让你长期处于高度警惕状态的，你就能认识到这一切会终止于杏仁核劫持（见第 2 章）。当你意识到是你的大脑以某种方式被激活了，你才会在那段时间失去控制时，你就不会那么自责和感到羞耻了，会转而对你自己的以及共同养育者的人性给予共情。你也可以专注于利用这种觉察，在将来遇到同样的情景、产生同样的情绪反应时，获得更多的控制。

如果你走了"歪道"，首先要去跟进修复你和对方的关系，即便这需要你承认你做得不够好。一句简单的"我为我所做的和所说的感到抱歉"可以帮助你按下重置键。当你承担了你的责任，你就是以正直、真实、不逃避和有决心的态度在修复至关重要的共同养育关系，而这正是你的孩子情感安全和稳定的核心所在。

在接下来的练习中，你将有机会回顾一下在你发脾气之后的羞耻感。

练习 3-4　我的羞耻感

回到练习 3-3 中，仔细审视所描述的令你心烦的三件事，想想在你的反应之后是否感觉到羞愧。给你的羞愧打分，从 0 到 10，10 表示你非常羞愧，0 表示一点都不羞愧。如果你的羞愧感在分值较高的那端，你能认识到自己的人性和价值，并且原谅自己在当时失控了吗？设计一下，下次你再次被惹怒的时候用什么办法让自己能清晰、冷静地做出反应。你需要做些什么改变吗？请把它写在日记本上。

尊严的作用

研究人员唐娜·希克斯（Donna Hicks）写了很多关于尊严在解决冲突中的作用的文章。尊严的概念强调的是一个人内在的价值以及作为人本身的价值，你的尊严（即你作为一个人的内在价值）是不可剥夺的，体味一下一名新生儿的完美，以及他的内在价值。它从你一出生就是你的，是你与生俱来的权利，终其一生都是你的。从你幼年开始的整个一生，你的尊严会遭受他人的侵犯，会给你带来心理上的伤害或创伤。这些伤害有时候是他人故意强加给你的，有些则是无意造成的。有研究表明，心理创伤激活的脑部区域和记忆身体疼痛的区域是一样的。我们会立即意识到并处理身体上的伤害，但我们不会很快就察觉出尊严被侵犯了，而尊严被侵犯会导致羞愧感、耻辱感或者损害我们的自我价值感。在第 2 章的案例中，当卡拉和扎克被情绪裹挟、被争斗的本能控制时，两人都侵犯了对方的尊严。同时他们都觉得自己有充分的理由跟对方说那些可怕的、伤人的话。

在许多高冲突的共同养育者互动中，通常彼此威胁的并不是人身安全，而是各自的尊严。高度冲突中的共同养育者，会在彼此身上触发这些生存反应。当你在持续的尊严侵犯和不断升级的冲突中沦陷，你的猴子脑的反应会让你完全没有做好准备，思考和解决问题的能力也无法达到更高层次。结果就是你们不断地伤害对方，随时准备进入"一触即发"的冲突。

下面，让我们分析一下第 2 章中扎克和卡拉的互动：

> 离婚后，卡拉和扎克始终处于随时都可能发生冲突的状态。离婚前因感情破裂及背叛所造成的创伤还在隐隐作痛，两人都

多次侵犯对方的尊严,再加上家里的宠物生病了怎么处理最好这一触发事件导致其高度情绪化。而在这件事之前,卡拉就已经很容易被扎克的话激怒。离婚前,扎克曾多次侵犯过卡拉的尊严,在婚姻破裂的时候,卡拉受到的心理伤害成倍增加。一旦被激怒,卡拉就会用激烈的言辞和人格攻击来诋毁扎克,把他们婚姻的失败和带给孩子的痛苦都归咎于扎克。卡拉对扎克人格上的攻击同样侵犯了他的尊严——他的基本价值观和自我价值感。一旦发生激烈的冲突,所有要考虑的对孩子有什么影响以及他们的最终目标是什么都会被他们抛诸脑后。扎克也会用最犀利的方式回击,也会把婚姻的破裂完全归咎于卡拉,并再次侵犯她的尊严。一旦到了这一步,他们的头脑中就会充斥着神经递质,随时准备对生存的威胁做出反应,而他们使用高级大脑功能的能力就这样被短路了。

在这次崩溃之后,卡拉和扎克都经历了羞耻感;同时,也会继续坚信,对方简直不可理喻,并由此把他们和他们的孩子置于心理伤害的危险中。两个人都无法认识到,自己同样给对方造成了痛苦;也都不会看到,他们需要和对方一起去修复。结果是,他们带着越来越大的关系破裂的可能继续前行,这又会让他们的孩子更没有安全感、更加脆弱。孩子也正因为有这样深陷不断延续的冲突循环,随时准备相互攻击的父母,而随时都会崩溃。

练习 3-5　对侵犯自己尊严的行为进行识别

回到练习 3-2,再看一遍你想象的被共同养育者攻击时的反应。

列出在那次攻击中你的尊严受到的侵犯。另外，你能找出共同养育者的尊严被你侵犯的行为吗？当你自己的尊严被侵犯时，你会用同样的方式报复吗？

现在，列出你可以维护自己尊严的步骤，不管对方对你进行了怎样的侵犯。思考一下你对以下问题的回答，并写在日记本上。

1. 不管共同养育者的观点是什么，你怎么确定自己的价值？
2. 你怎么克制自己不去侵犯对方的尊严，即使自己被侵犯了？
3. 你如何做才能承诺成为那个叫停恶性循环的人？

· ·

当你觉得自己的尊严在和共同养育者沟通时被侵犯了，你有责任说出来，并处理这种侵犯。然而，这里有一点很重要，那就是当尊严被侵犯时，我们要向谁诉说。大多数人会向共同养育者说，就好像是对方导致了这一切。但是，另一种看待这一问题的方式是，认识到你的尊严和价值是内在的、与生俱来的，它们并不建立在此刻站在你跟前的观众对你的评论上。从本质上讲，当你允许共同养育者的评论影响你的时候，你就在无意中失去了你的尊严。当然，如果发生了这样的事，你还是会感觉受到了攻击，然后觉得有必要保护自己的自我意识免受攻击。

想象一下，你完全坚定地相信你的价值不依赖于共同养育者的评价，也就是说，在你的内心深处，你知道对方对你的评价（好或者坏）丝毫都无法改变你牢固的内在价值，它早就存在了，并且它会一直存在。共同养育者可以告诉你，你是这个世界上最好或者最坏的人，但是那根本改变不了你到底是怎么样的人的事实。如果你对自己的价值很确定，别人的攻击也就不那么重要了。你也就不需要让自我更坚定而去追求获得别人的欣赏和赞美了。那些东西也并不能定义你。要认识到你自己对问题的贡献，即你自己对对方言行的反应可以帮助你获得控制权，避免被抱怨和批评所伤害。

同情的作用

你可能会发现，你对所关心的人表示同情是比较容易的。你可以为他提供关心、支持，有时候还可以提供乐观的态度而非虚假的希望。你甚至可以帮助这个人提升他的洞察力。然而，当我们把关注点转向审视自我时，同情自我却变得困难得多。

如果你在一个要求苛刻、严厉或者挑剔的家庭环境中长大，你就很容易把消极的语言内化到对自己的看法中（你甚至都意识不到）。你的内心可能对他人是开放的、支持的，但对自己却会采取一个不同的标准。当你看到别人的痛苦时，你的原则是要去给予友善和同情，但对你自己则另当别论。当你看到自己的痛苦（即使是离婚以外的痛苦），脑海中就会冒起一个批评甚至是责骂和诋毁的声音。这个声音会激发我们在前面章节中提到的情绪上和身体上的反应，就好像你成了自己的威胁——一个对自我意识的威胁。

做一个富有同情心的见证者

我们多数人会发现，同情别人比同情自己容易。对你来说，不去严苛地评判他人可能更容易，但我们转过身来，却用一套严苛得多的标准来评价我们自己。想象一下，如果你要教自己对待自己像对待别人一样有同情心，即做一个富有同情心的见证者，这就好像把黄金法则修改成"像对待他人一样同情地对待自己"。伊丽莎白·莱瑟（Elizabeth Lesser）在她所著的《破碎重生》（*Broken Open*）一书中讨论了这一点，她讲述了自己的婚姻危机，以及在恢复过程中学到的经验教训。通过练习，你可以学会做自己同情心的见证者，这是你走上自我恢复之路的重要一步。

练习 3-6　我的同情心见证者

现在，回到你在练习 3-1 中关于共同养育者的剧本的答案上，像一个亲密的朋友一样回应他，告诉他那是他的人生。你会怎么说？你会如何围绕你所列的三件事向你的朋友表示你的同情？说出你内心真实的想法。不要提供那些不靠谱的保证或者假怜悯，拿出你的友爱来，写下你有爱的回应。

••

当你用更富同情的视角，而非受害者或自我责罚的视角看待自己时，你有什么感觉？这有没有让你的注意力从你身上发生了什么、你做了什么或者没做什么，转换到治愈或者继续前行上？一个充满同情心的回应是一种关怀，而不是责怪。这样的回应并不是否认问题或者挑战的存在，而是认识到挑战能带来什么。当你把你的同情心放在自己身上后，你就可以屏蔽脑海中可能听到的严厉且苛责的父母的声音；相反，你可以安抚自己的情绪，回之以平静的、有爱的声音（对，同时也是现实的）。那是一个健康的父母或者一个亲密好友的声音，他们会真正支持你。是的，那也可以是你自己的声音。

把自我责备变成自我同情

我们已经讨论了如何转移你的注意力，即不去关注你是如何被共同养育者或者其他人指责的。现在，让我们转向一个更加有挑战的话题：你都责怪自己什么。一些很令人不安的事并不是别人怎样评价我们，而是我们如何评价自己。有时候，一遍又一遍听前任抱怨你做错了什么，的确够闹心的。然而，你算过你责怪了自己多少次吗？你前任并不会一直责怪你，但你却总是在责备自己——成千上万次。

自我责备的问题在于，它会伤害"你是谁"的那个核心部分，即它会伤害你的自尊，忽略你的积极品质。我们并不是说你应该无视你在婚姻中的角色和婚姻破裂的部分；相反，我们是在告诉你，不要以伤害或者残忍的方式责备自己。

接下来的练习 3-7 和练习 3-8 是关于自我责备的。请花点时间慢慢完成，尽管你可能会觉得这两个练习有点难。

练习 3-7 我的自责清单

请在日记本上写下你在婚姻出现状况或者导致婚姻终结的过程中所扮演的角色，以及出现了问题跟你做了什么或者没做什么有关吗？不要写共同养育者对你的抱怨，而要写你自己内心确认的答案。可能你的前任并不知道你写下的这些，也许这些秘密只有你自己知道。如果你担心别人看到日记本的内容，你甚至可以把它们写成"代码"。关注你体验到的感受，与这些感受待在一起。一不要急，二不要逃避痛苦。然后，在日记本上列出你最强烈的感受。此时，如果需要的话，可暂时把你的日记本放在一边，给自己一点时间来平复，然后回来再继续写。

接下来，我们会要求你扮演一位密友或亲人的角色，即以一名富有同情心的见证人的身份来考虑你责备自己的方式。

练习3-8　重回同情

这一次，把富有同情的、关爱的、诚实的回应写在日记本上。如果你的兄弟姐妹、成年子女或者好友向你敞开心扉，跟你分享在练习3-7自责清单中写下的那些痛苦和内疚，你会对他们说些什么呢？把这些饱含同情的回应写在日记本上。当你用同情而不是批判的眼光看待所发生的事情时，看看你的感受会有什么不同。例如，你的情感痛苦程度会发生怎样的变化？你的紧张程度会发生怎样的变化？你的内心深处又发生了什么？

我们的大脑会欺骗我们。大脑会告诉我们什么是理性的、什么是非理性的，我们的情绪和身体会对大脑有意识和无意识的感知做出反应。通常情况下，我们的行为是建立在知觉和想法上的，即使它们并不代表我们的最佳利益，甚至时常给我们带来难以置信的痛苦。但是，当我们的大脑指示自己要当一名满怀同情的见证者，即用我们关心他人的视角，引领自己去关注自身，这样就产生了一个新的充满关

怀的视角，即使我们对自己的行为也并不满意。

用同情安抚心灵

就像我们可以安抚朋友、孩子，甚至是一名婴儿一样，我们也可以安抚自己。虽然安抚通常是用语言表达的，但也并不一定非要这样。一名婴儿还不会说话，但他却可以被一个陌生人安抚，如果那个人的心是开放的，这个婴儿就会有安全和被爱的感觉。不幸的是，在离婚的过程中，很多人感受到的是前任甚至是他们自己那颗因为婚姻的破裂和解体而封闭起来的心。心灵的封闭让同情更加困难，甚至对自己也是如此。对自己同情可能在结婚之前就不容易（还记得前面提到的观众带着各自的标签进入电影院的案例吗），因为很多人从小就学会了自我贬低和忽视。他们早已有了"自我关照和对自己的需求做出回应是自私和自恋"的认知。其实不然。一个自私或者自恋的人在回应自己的需求时，通常会伴随着对他人的完全漠视。同情自己并不一定要排斥别人，只是不要再排斥自己。关心自己和自私是完全两码事。

下面，我们花点时间来看看通过练习怎么来解决这个问题。

练习3-9　更多的同情

当你思考离婚问题时……

A. 补全句子："＿＿＿＿＿＿＿＿＿＿＿＿＿＿是不可能的。"

B. 然后，把"不可能"换成"有困难"，重写整个句子。

"＿＿＿＿＿＿＿＿＿＿＿＿＿＿是有困难的。"

C. 现在，假设你是你自己的一个会关心人、富有同情心的朋友，回应 A 的情况（……是不可能的），并把你的回应写在日记本上。把你写的回应与 A 的回应做个比较，看看有什么不同吗？你更希望从这位朋友那里听到什么？是真相剖析还是心灵抚慰？或者，这与"真相"无关，而与你如何看待自己经历的这场"电影"有关？

同样还是离婚这个问题，让我们再试试别的说法。

A. 补全句子："＿＿＿＿＿＿＿＿＿＿＿＿＿＿真的太糟糕了。"

B. 然后，把"真的太糟糕了"换成"很有压力"，重写整个句子。

"＿＿＿＿＿＿＿＿＿＿＿＿＿＿＿＿很有压力。"

C. 现在，假设你是你自己的一个会关心人、富有同情心的朋友，回应 A 的情况（……真的太糟糕了），并把你的回应写在日记本上。再次强调，当你改变你剧本时，要对你觉察到的东西特别留心。这些回应是如何导致了不同的内心感受甚至是身体感觉的？

我们再试一次关于离婚的表述。

A. 补全句子："我真蠢，＿＿＿＿＿＿＿＿＿＿＿＿＿。"

B. 然后，把"我真蠢"换成"我要是没有……就好了"，重写整个句子。

"我要是没有＿＿＿＿＿＿＿＿＿＿＿＿＿＿就好了。"

C. 现在，假设你是你自己的一个会关心人、富有同情心的朋友，回应 A 的情况（我真蠢，……），并把你的回应写在日记本上。

当你从句子 A 切换到句子 B，再切换到句子 C，注意到有什么区别了吗？你发现你的平静程度有什么变化吗？虽然我们不总是能改变发生在我们身上的事（就像在夏天被突如其来的雷阵雨淋成落汤鸡），但我们对这件事可以有不同的看法。我们可以这样说："哎呀，这场雨把我这一整天都毁了！瞧瞧，我从头到脚没有一处是干的。就今天我犯傻忘带伞，真倒霉。"或者，我们还可以这样说："哇，好大的雷阵雨！还好没把我淋个透心凉。"这就是同一部人生电影，却有不同的观点、不同的感觉。哪种观点、哪种叙述更适合你呢？你的掌控性就在于你能决定你对自己叙述什么样的故事，而无法根据那些把你当作他们（比如共同养育者）电影中的人的话来定义你自己。

接下来，我们再回顾三种令人沮丧的、带来挑战的共同养育情形。

练习3-10　我的触发情景

在你的日记本上，做一个如下所示的三栏表格。

共同养育者让我心烦的三个情景	1. 2. 3.
在这个情景下，我会说什么	1. 2. 3.
我富有同情心的朋友会跟我说什么	1. 2. 3.

在第一栏中，列出共同养育者三种常见的让你很心烦的情景，可能是被夸大的小问题，也可能是对你长期的抱怨，或者是紧张的、不

愉快的甚至是恐怖的情景。再次强调，要详细描述每个情景。在第二栏中，记下你在每种情景中对自己说的话。在第三栏中，给自己一个富有同情的回应，就像你在跟一位朋友说话。你还可以给这位朋友提建议。你会给这位朋友提些什么建议？在面对共同养育者的抱怨和行为时如何反应？他应该内化那些抱怨吗？他应该接受那些批评吗？他是否应该尝试着说或者做一些"神奇"的事（就像真有这样的事似的）来扭转前任对他的看法吗？

你能否给你的朋友一个认可他的价值和善良的回应？或许这个回应能帮他摆脱无休止的冲突。如果你认为他的前任也会一直这么心烦你会怎样？如果你把你朋友的前任看作他正在看的电影又会怎样？事实上，这永远都是同一部电影。你会建议他怎么回应，才能让他的情绪不那么激烈和痛苦？你会怎么提醒他关注自己的价值和善良？你会如何向他提供同情、友爱和善意？

慢慢来，沉下心仔细斟酌，找到这些问题恰到好处的答案。

情绪调节策略

情绪调节并不是为了改变你周围的世界（这里指的是你前任的评论和行为），而是改变你对世界的回应。"情绪调节"不是一个新概念。如果没有几千年至少也有数百年，不同文化中的人们不得不处理各种各样的危机、创伤和灾难。当他们无法改变现状时，他们只能专注于改变自己的看法和想法。他们已经学会了通过给予关心和健康的安慰表达对自己和他人的同情。许多文化还常常关注被称作"静心"的方式，来安抚自己、保持冷静和缓解压力。

静心

在各种精神和宗教实践、武术、高强度竞技运动以及许多艺术表演中，静心都曾被广泛运用并获得好评。你可能听说过冥想、正念、自我催眠、放松训练、生物反馈，甚至是分娩时用到的拉梅兹呼吸技术，所有这些不同的表述其实都可达到静心状态，宗教专家甚至认为祈祷也是这样一种方式。

我们的思想就像汽车上搜索不同电台的一台收音机。如果你在深夜睡不着觉，就会有更深的体会。当你想到各种各样的事情，你的思绪会从一个电台调到另一个电台，即你的任务清单。"孩子今天发生了什么""律师说了什么""共同养育者为什么要在那个问题上采取那样的立场""为什么这些会发生在我身上，而且没完没了"，等等。你会发现自己会一遍遍回到同样的想法，你的思绪就像是一个在森林里迷路的人，走了一圈又回到原地，看到同一棵树，就是找不到出口。更糟糕的是，这会让你更加紧张和清醒，于是入睡更难了。

在这个问题上你并不是独一份，你也没有疯掉。你的大脑在加速旋转，它需要安静下来。自古以来，各种文化都在研究如何让心灵回归平静。有一些非常简单的概念产生了，并经受住了时间的考验。我们从我们的研究以及不同领域的著作中找到了这些概念，如精神层面的实践、心理健康概念和疗法以及绩效提升。尽管我们很容易认为这些概念过于简单、没有成效，但在实践中（如在思考和解决问题时）它们却是非常有帮助的，可以让我们平静下来、厘清思路。

让我们简要看一下在这些做法中起作用的一些关键要素，以及它们与高冲突的离婚又有怎样的关联。你可以随时停下来，去试着做冥想以及其他练习，看看你会觉察到什么，你能感觉到什么；当你去聆听你的想法，或者更重要的是倾听你的内心时，你会听到什么。把你的体验写在日记本上吧。

专注

专注可以让你限制思绪来回变换（有时候是慌张的），而不是任由它在思绪的无线电台之间飞速切换。要做到这一点，你得教会自己将注意力集中在呼吸上，让你的想法在一呼一吸之间流逝却不纠缠。与其说你在思考，倒不如说想法只是在那里而已。你会超越想法，更加"活在当下"，停留在你的感受和行为上。如果你正在冥想，关注点可能就只在冥想当下的体验上。如果你在锻炼身体，关注点就是锻炼当下的体验。很多时候，教练、宗教大师、瑜伽讲师以及心理治疗师都会建议你专注于你的呼吸，把你的呼吸放慢到一个有节奏的模式。冥想并不一定需要很长的时间，或者采用某种正式的（可能不舒服）姿势；相反，你可以很舒服地坐着，听着轻柔的音乐，点上熏香或者蜡烛（你觉得有用的话），允许自己什么都不想。注意，我们说的是"允许自己"而不是"尝试"。当我们去尝试的时候，我们就会紧张。静心就是为了不紧张。这是允许你自己去一个地方，在那里你允许你的身体和心灵都如其所是地存在——即使它很紧张，即使你正在考虑你离婚的事情。是的，即使你很愤怒、沮丧、不知所措或者焦虑，你也可以这样。对婴儿来说，这是很自然的，他们就是活在当下，如己所是，直到下一个时刻到来。

练习 3-11　活在当下

即使这让人感觉有点傻、有点奇怪或者不舒服，也要花几分钟静静坐着。如果你的思绪无法集中，就关注它（尽量不要评判它或者你自己）。让你的思绪自由来去，慢慢地把注意力重新放在你的呼吸上，也可放在一个愉快的画面上，或者什么都不用注意。

想想，你觉察到了什么？你感受到了什么？时间过得快还是慢？你是否想到了离婚带给你的压力？你的思绪又飘走了还是很专注？这里没有正确或者错误的答案。这只是给你一个机会，坐下来，尝试着让你的心安静下来。如果你决定定期进行这样的体验，你可能会觉察到一些更为重要的变化。

这种冥想体验会因为你思绪太过活跃而略显复杂。你可能会发现你大脑里的广播电台似乎不受你控制，就好像凌晨两点的时候，你只想睡觉，而它在不停地播放着。你可能会发现，有些想法在侵入你的头脑，甚至你会发现，当你思考的时候，你前任那些带刺的话会进入你的意识。你发现自己在想："连这里都有你？我在尝试放松，你怎么又跟来了？简直难以置信，不可思议。"

这并非不可能发生，这是你经历过这一切后的正常反应。当你安静下来，给自己更多机会来控制你的想法和意识时，侵入性的、痛苦的想法同样会冒出来，这很正常。然而，你没必要成为这些想法或这个过程的受害者。

在练习 3-11 中，你是否对自己说过"我最好不要想这个"或者"我不应该考虑这个"这样的话，就像节食会让我们对食物想得更多

一样，告诉自己不去想某件事，反而会让我们更想，因为与想法相关的词汇会引发更多的想法。

练习 3-12　顺其自然

这一次，我们换一种方法。当这些想法涌上心头时，做一个深呼吸，爱谁谁，顺其自然。这就对了，不要和它们对抗，只是看着这些想法，并且允许它们待在这里。然后，当你准备好了，转向一些中性或者积极的东西。善意地对自己说："我要转移（即使是暂时的）到别的事情上去了。"

请注意，仅仅是让想法存在，不要进行评判。将此与练习 3-11 中的那些想法比较一下，你此时的想法可能充斥着"应该"和"不应该"，并且很可能会以一种无望的表述结尾（如"这是不可能的"）。有时候，这些表述甚至可能是对自己的批判（专业上叫作消极归因），这会让我们更加心烦意乱。试着去支持自己，就像支持你在乎的、你爱的人一样，给自己同样的支持，则可以给你带来解脱和力量感。

· ·

正念

活在当下是正念的精髓所在，它通常被定义为"一种对当下积极、开放、有意关注的状态"。对自己的想法时刻地进行觉察，把自己当作观察员或者见证者而非评判者，这样可以让你对自己的体验有充分清醒的觉知，而不是让你的生命白白流逝。在这个处处充斥着电子设备、屏幕等让人分心的事物的时代，活在当下是件不容易做到的事，我们会把时间花在与虚拟世界的互动上，会担心未来或者反思过去。正念减压疗法创始人乔·卡巴金（Jon Kabat-Zinn）博士将正念定义为一种特定方式的关注，即有目的、在此时此刻的、不评判的。你可以在日常生活中，比如吃饭、开车、做饭、遛狗或者洗碗的时候练习正念。你可以积极地将注意力只放在当下所做的事情上。例如，你在吃东西时，只关注你所吃东西的外观、气味、味道、质地、口感，慢慢咀嚼以享受这些感觉，从吃的过程中获得满足。当你开车时，专注于汽车驾驶，保持在自己的车道行使，留意周围的其他车辆、路况，等等。当你遛狗时，和你的宠物一起待在户外——浸淫在周围大自然的感受、风景和声音里，注意狗狗的动向、关注你的呼吸频率和心率，体会你活动时关节和肌肉运动带给你的感觉。

为什么正念对于冲突中的父母来说如此重要呢？简单地说，都是为了孩子，他们理应如此。处于冲突中的父母很容易忽略他们孩子每时每刻的感受。伴随着离婚冲突而来的强烈情绪和离婚后的生活变化（在第1章和第2章中提到的），会让即使是最好的父母也可能忽略对当下状态的关注，也不容易看到孩子那双盯着他们争吵的眼睛。

想象一下这个场景：

> 道格和贝丝正处在离婚后的阵痛之中。贝丝感觉被道格深深地背叛了，在左邻右舍面前抬不起头来。道格也承认是自己给贝丝带来了伤害，也清楚他和贝丝的关系在当下是多么的脆弱。贝丝努力把孩子的需求放在首位，所以当道格在晚饭时间打电话过来时，尽管四个孩子都在餐桌前吃饭，她接了电话后还是让所有孩子都停下来用免提功能跟父亲通话。当道格聊到他为孩子们制订的计划时，谈话的气氛立马急转直下。他们最

大的孩子委婉地表示他不想参与这个计划。道格感到不安起来，在电话里说了些暗示怪罪贝丝的话。这下贝丝也加入了进来，失去理性地表达了对离婚的愤怒以及道格对待孩子们的方式让自己多么受伤。他们的争吵也没有避开孩子们，好端端的一顿晚餐就这样被毁了，所有人都不高兴，现在贝丝家里一片混乱。这一时刻会过去，但是这种记忆却会长期留在孩子们的心里。

让我们从正念的视角来看看这个情景。如果贝丝有意把注意力放在和孩子们一起吃饭的体验上，她可能就不会接道格的电话，和孩子们好好吃顿饭，吃完再回电话给道格。即使她接了电话，如果道格当时能意识到孩子们在和妈妈一起吃晚餐，也可以提议等他们吃完了再打过来，并且选择不在电话里谈论如此敏感的话题，而是单独和每个孩子讨论，给他们自由发表各自观点的机会。

就像我们在前面介绍过的那样，对于身处离婚冲突、让孩子也持续暴露在冲突中的父母来说，这可能会给孩子的童年记忆留下阴影，甚至造成致命的伤害，这些童年记忆是要伴随他们直到成年的。他们的棒球比赛、学校演出和音乐会、成人礼、坚信礼、毕业典礼、生日派对等，这些长久的记忆都可能会被毁掉，除非你和共同养育者能积极地关注自己和孩子们的日常体验。而一旦这么做了，你就能按计划管理和控制可能导致冲突的状况。

培养对三种心态的觉察

你可以培养一种基本技能，能够在任何特定时刻给自己的心态贴标签，特别是当你感觉和共同养育者的互动将要升级为冲突的时候。当你开始理解并确定你处于这三种心态中的某一种时，你就知道在什么时候你是处于"正确"的心态上,以一种平息冲突而不是拱火的方式来回应对方。第一步是意识到不同的心态,第二步是当自己处于某种心态时能够加以辨别,第三步是当你处于可能导致冲突的心态时,能够全身而退。

我们在前面提到了由玛莎莱恩汉创立的DBT疗法。DBT为处于困境中的人提供的技能之一是,对三种不同的心态的理解,莱恩汉将其称为情绪心念(emotional mind)、理智心念(reasonable mind)和智慧心念(wise mind)。她还提供了一种方法来观察和见证我们在某个特定时间的心态。为了帮助父母能与这些心态相联系,我们将这些概念定义为"从思维延伸到自我",我们分别称之为猴子脑自我、事实与逻辑自我和中心自我。对于长期冲突的父母来说,意识到自己的心态,以及自己独特的情绪触发点,可以给自己一个训练机会,即当自己被激怒时记得核查自己的情绪反应,避免被共同养育者(或你自己)的猴子脑劫持,那样可能会让你暴怒,再次掉进习惯性的冲突循环中。

猴子脑自我。猴子脑自我给我们的感受是"热的",而与之不同的事实与逻辑自我,给我们的感受则是"凉爽的"。当你处于猴子脑自我的状态时,你被自己的情绪支配着,你可能是激情的、极端的、紧张的,这会让人很难按照合理的、有逻辑的想法行事,当下的威胁(冲突)对你来说真实得就像面对一条蟒蛇,或者面对那些对你的生命以及肢体有威胁的东西一样。你的猴子脑自我接管了你的运转功能,让你周身遍布愤怒和恐惧的能量。它还可以耗尽你的精力,导致抑郁,尤其当你睡眠不足或者感觉身体不对劲时,更容易中招。

当你在猴子脑自我控制下冲动行事时,你的行为会趋于失控,这会给你的人际关系带来负面影响。你可能在与他人交往时搞得一团糟，让你感到受到了伤害，并且这种感觉很有可能会持续很长时间。猴子脑自我的一时冲动，可能做出不负责任、粗心大意、随意、任性和急躁的行为。在情绪强烈的时候，你很容易扭曲事实、找一大堆借口，改变对后果的看法。而处于高冲突关系中的父母尤其容易受到猴子脑自我的影响。

不过，在某些情况下，从猴子脑自我出发产生的行为也会是有益的，就像强烈的激情可以让亲密关系更稳固一样。认真的付出或者渴望能帮你坚持完成困难的任务，也会让你把别人的需求和安全置于自己的需求之上。当妈妈冲到街上去救自己孩子的那一刻，她们就是处在被猴子脑自我控制之中。然而，如果你能在运用直觉和情绪（猴子脑自我）的同时，还运用推理和理性（事实与逻辑自我），那你就相当于驾驭了两种力量，从而从这两种结合的状态中获益。

还记得我们在第 2 章中讨论的冲突中的大脑吗？提醒一下，当你处于猴子脑自我时，你就是在操作你大脑的原始部分，也就是对危险做出战斗、逃跑或僵住反应的那部分。杏仁核被激活了，这个内部的警报已经启动，你的大脑突然开始活跃，制造化学物质，向你的神经系统快速发送信息。和肾上腺素一样，肾上腺素和去甲肾上腺素等神经递质会为应对突发事件做好生理上的准备，那么你就会处于一种高度戒备状态。事实上，在这一刻，那些更高级、也更善于思考的大脑功能并没有运行，你被杏仁核劫持了，即你的原始大脑劫持或者控制了你的推理、思考、制定战略或者计划的能力。

事实与逻辑自我。事实与逻辑自我是建立在事实和常识之上的。正如第 2 章所详细论述的，当你有逻辑、有理性地思考时，你是在用事实、数字、方程式或者因果关系来定义现实。当你在完成一项任务时，比如做账、玩填字游戏或者照着食谱做你最爱的香蕉面包，你就需要进入事实与逻辑自我的状态，注意一系列的步骤和细节。事实与逻辑自我对于学习技能来说很重要，它是一个信息仓库，就像你的电脑硬盘，帮你客观地定义问题、评估选项并确定一个解决方案。当你想通过远离毒品与酒精、获得充分的休息、优先考虑营养摄取等这些途径来维持自身健康、践行自我关照的时候，事实与逻辑自我就会得到加强。

还记得我们在第 2 章中提到的大脑有三个部分吗？最里面的区域，也就是猴子脑区域，包含脑干和杏仁核。脑干被认为是大脑中最原始的部分，它控制着我们的生存和其他本能；中间区域叫作边缘系统，控制我们的情绪；而最靠外的区域是大脑皮层，控制着我们的语言和高级思维能力，如逻辑和推理。大脑的外层，或者大脑的"树皮"是最后进化的，并随着人类的进化而充分扩展了。事实与逻辑自我跟大脑皮层有关，特别是与左额叶皮层的大脑活动有关。这部分大脑的运行需要大量的能量，并且需要一切正常，不然它就不知道该干什么。目标设定、计划制订、冲动控制、问题解决、可视化，以及创造性思维均在大脑的这个部分发生，这一部分是深思熟虑的、理性的、"自上而下"的。

中心自我。通过练习正念或者观察，你可以变得更有能力进入中心自我，这样你的直觉和情绪的部分就能跟你的推理能力保持平衡了，这在你跟共同养育者相处时是至关重要的。当你能准确地区分你所处的不同心态时，你就能选择只在处于中心自我状态时和共同养育者交流，那时你最知道"你该做什么"。在这种状态下，你的反应就不会像处于猴子脑自我状态那样，被铺天盖地的情绪、斥责、批评或者带有评价性的想法所影响。你的中心自我能够运用你在过往的生命历程中积累的常识直观地做出回应。当你明白什么会让你受伤、什么会对你有帮助，你就能够利用这种理解去放下伤害，获得更多帮助。进入中心自我，可以借鉴我们以往的经验，让我们从一个智慧的和明晰的角度去对情景做出反应。中心自我不仅是了解你的问题，把你的能力和受伤的东西联系起来；它还通过直觉超越了这一切，无须经过复杂的分析就能领会事物的意义、重要性或者真相。当你处于中心自我时，你能够直面挑战或者问题，而不把它们过分夸大或者灾难化。你也不会认为是这些问题定义、贬损或者侵犯了你的尊严。你和它是相互独立的，你可以把它当作一个需要解决的问题来处理，不带评价、头脑清晰地寻找问题的多种解决方案。这也可以帮助你更准确、更有同情心地和自己对话，以便你做出更好的反应。

共同养育中的自我肯定

自我肯定是精心构建的积极的、支持性的自我陈述，你应该把它写下来，放在你经常能看到的、显眼的地方，反复念给自己听。当这种肯定的描述是经常性的、具体指向的、积极的和针对自己个人的时候才是最有效的。这些自我肯定也可以和个人的价值联系起来。当自我肯定用否定的语气表达出来时，反而会消耗你的正能量。比如，比较"我并不那么笨"与"我要多聪明就有多聪明"这两种表述。

作为支持你营造一个对孩子来说健康且具有安全环境的正念练习的一部分，将基于自我价值肯定的表述融入你的日常生活，可以不断地提醒你要想想自己的愿景和目标。建立在价值基础上的肯定表述包括"我很惹人爱"和"我值得信赖"。

基于价值的归因背后的理论,是围绕我们的完整性和自我肯定的基本需求展开的,即使这些会面临着离婚和冲突的挑战。一个常见的关于离婚的消极归因是"我是个失败者,我没办法经营好我们的婚姻"。通过对你个人价值的关注,你可以重新以更宽广的视角看待自我、你的优势和能力,从而减少那些威胁你个人整合性的事物的影响。你可以给自己一个积极的肯定表述:"在直面挑战的过程中,我可以培养孩子的抗逆力。"

研究发现,自我肯定能改善教育效果、健康状况和人际关系,这种好处有时候能持续数月乃至数年。当你使用自我肯定表述的时候,你能体验到持久的好处。

下面是关于自我肯定的陈述性范例,这些表述能让处在共同养育关系中的父母保持正念,消解冲突。

- 我想要让孩子得到安宁,这是我最优先考虑的事。
- 我是一位充满爱心的父母,会支持我的孩子爱自己的双亲。
- 我爱我的孩子远胜过恨共同养育者。
- 我会成为能够教会孩子韧性的父母。
- 我的孩子值得过上安稳的生活。
- 我能够给予我的孩子该有的安稳生活。
- 我的孩子们应该爱他们的父母,也应得到双亲的爱。
- 虽然我离婚了,但我仍可以让孩子不失去慈爱的父母,这是我给他们的礼物。

我们希望你已经看出,这些肯定的描述与自我责备和自我批评之间的不同之处。我们想帮助你创设并练习你对自己充满爱意的自我肯定陈述，那将会对你的养育工作大有裨益。

练习 3-13　养育孩子的自我肯定

在这个练习中，你可以像前面那样，创设你自己的肯定陈述，这将提醒你，你的自我价值以及你保护孩子的承诺。试着列一个清单，包含至少五条能反映你个人价值的陈述，并且记住用积极的方式来表达，就像你已经拥有了它们一样。

在日记本上写下这些表述之后，你可以在另一张纸上再写一遍，把它们放在你经常能看到的地方，这样你会很容易想起你对自己和孩子的承诺。当你对自己说这些肯定的陈述时，感觉怎么样？

设定平和的目的

设定一个平和的、有时候是充满爱意的初衷，可以帮你平复自己面对冲突的情绪反应。与其去思考那些压力和痛苦，不如想想如果你把关注点放在你对自己和你爱的人能做些什么有爱的、带来和平的行动上，会发生什么。记住和你的孩子、亲密的朋友、兄弟姐妹或者父母度过的每一个美好瞬间，越详细越好。你可以用这段记忆感受到支持，让自己平静下来。

练习3-14　能让我静心的平和与爱的行为

想想你可以为那些对你来说很重要的人做些平和、有爱的事。当你想到他们的表情，记下你的感受；他们会说什么，你感受到了什么。想象一下，你真的跟进并且采取了这些行动。你真的可以做到。你怎么给别人的生活带来宁静？你可以做些什么来改变现状？想想那些能带给你和平、有爱的事（行为），而不是感受到的（感觉）。

• •

静心就是悄然远离那些让你紧张的想法。它不是让你强迫自己不去想，相反它是把你的想法聚焦到那些有帮助而不是没有帮助的事上。这需要练习，因为我们大多数人的思维都是没有受过训练的。在某种意义上，大脑只做那些对我们很重要的人训练它做的事；我们从小就相信，这是唯一的思考方式。

但这不是你唯一的选择。你可以选择严厉批判，也可以选择安静平和。哪个效果更好呢？实际上，你多多少少应该知道答案。

解决和共同养育者长期冲突的一个有效办法便是培养正念，协调好孩子对心理安全、自由、双亲的爱与被爱的需求。另外，你需要关注什么是对你有帮助的事。这需要练习，因为我们大多数人的思维都没有受过训练。即使共同养育者不与你合作，运用这些工具和技巧，同样可以帮你抵制产生被卷入到冲突循环中的冲动，也就不会伤害到你的孩子。

总结

在这一章中,我们阐述的内容涵盖了很多领域,包括审视自己的思维、思维与大脑的区别,以及理解羞耻和尊严在你和共同养育者互动中的作用。我们也看到了同情地看待自己和共同养育者(当然还有你的孩子)的价值,以及对自己的想法保持同情的见证意味着什么。你可以开始练习运用不同的方法来调节你的情绪,包括平和思绪、积极的自我肯定以及有意识地保持和平的初衷,作为平息你和共同养育者争端的方法。在下一章,我们将会探索在转变的过程中,比如高冲突的离婚中,会出现哪些机会,还可能会出现哪些意外。

带回家,用起来

要想活学活用本章的知识点,请试试下面的建议。

* 所有人都是根据自己的经历和过往对交流和事件做出自己的解读的。要一直假设共同养育者是根据他自己的需求和经验来对每个情景做出反应的。虽然去理解他是怎么看待一件事情的发生会很有帮助,但是不要沉迷于"看他的电影"。
* 留意你和共同养育者的尊严问题。尝试着去抵制用一种尊严侵犯另一种尊严的诱惑。
* 将正念这个强大的工具融入你的生活,这会帮助你叫停与共同养育者没完没了的冲突。

* 在日常生活中，比如开车、做饭、遛狗或者洗碗的时候，都可以进行正念练习。
* 学会识别你的心态，只有当你处于中心自我状态时才能跟共同养育者交流，这样就可以大大减少你面对冲突的反应。
* 创设你自己积极的自我肯定，写下来，放在你经常能看到的地方，帮助你记住你自己在养育孩子时的目标和价值。
* 想象和你所爱的人在一起的平和时光，让心灵平静下来。记住和他们在一起的特殊时刻，在头脑中描绘出一幅生动的画面。经常在头脑中练习回到这个场景，直到你可以很容易回想起来。

第 4 章

如何从受害者到幸存者，再到英雄

在本章我们将探讨，在这样的过渡期离婚可以提供隐形礼物，尤其能提供带来深刻的情感成长和改变的机会。在谈论这些成长机会时，我们会讨论面对生活的变故"崩溃"和"破壳而出"之间的区别、复原力和重新发现你的真实自我的重要性。我们会探讨，为何你会将自己定义为离婚受害者，以及这种定义将给你的真实自我带来什么影响。我们还将介绍如何定义自己的核心价值以找回真实自我，以及如何进行独立的自我评价。在这个过程中，你将探索采取和你的核心价值一致的行为意味着什么，而不论共同养育者说了什么、做了什么。这个过程会增强你的自我意识，帮助你体验到真实自我的稳定性和一致性。本章中的各项练习旨在帮助你形成更健康地看待自己的方式，实现和前任的情感分离，同时以孩子为中心，充分参与到共同养育中来。

转变带来的礼物

我们的生活时时刻刻都发生着改变和转变。灵活地面对变化是一项必备的技能,这一技能在整个生命周期中都适用。具有灵活性不仅会让你觉得自己一直穿着"救生衣",随时准备去游泳而不会溺水,而且也让你有能力为孩子树立榜样,并把这项技能教给他们。在很小的时候就学会抗压会让孩子拥有一项终身受益的本领,让他们能够在面临无法避免的损失和变故时为自己提供缓冲和保护。

当你不断练习,锻炼出了"肌肉",并能以极大的安全感和抗逆力应对变化的浪潮时,你就可以为前方的任何转变做好充分的准备。有些转变是意料之中的,比如一个学年结束,你就会开始下一个学年或者从一个学校升到另一个学校,你能为这些转变做好计划和准备。这些转变也会得到家庭和学校的支持,有时甚至会举行像毕业典礼这样的仪式。

还有一些转变是突发的、意料之外的、不受欢迎的,就像获悉你本人或者你的亲朋好友被确诊为绝症,或者你的配偶告诉你他不想跟你一起生活了,或者你的老板突然把你解雇了,或者你生命中重要的人突然去世了。这样的转变常常会给你的生活造成相当大的改变,让你处在极度的不确定、混乱、焦虑、悲伤、愤怒、恐惧甚至哀伤和绝望的状态中不能自拔。

当你被日复一日、按部就班的日常生活所羁绊,你往往会没有动力或动机去思考你是完整的自己还只是在走过场。你可能无法释怀童年的情感创伤或者伤痕所带来的深深痛苦和悲伤,只不过这些感受在你日复一日的生活中是很隐秘的。你甚至可能在择偶时抱着无意识的期待，期待他能治愈你的这些伤痛。多年后你却发现，他也带着自己的伤口和伤痕，是不可能来治愈你的，你也不可能治愈他。

离婚带来的变化提供了一个机会，让你能够在处于自动驾驶模式的生活中暂停，试着去照顾长期被你忽视的伤口和伤痕，这就为深度治愈、个人成长以及意义深远的改变创造了可能。在追求这种成长的过程中，你会找到力量与韧性，学会用以前未知的方式来应对困境。把这种韧性与你的真实自我和力量相联结，同样会给你的孩子们树立能强有力应对变故和更具韧性的榜样，这会让你成为一个比以前更强大的人、更强大的父母。

有了变化就有了选择，你要么崩溃，要么破壳而出。

崩溃

当你被痛苦的情绪淹没时，你会想方设法摆脱它，这时候你就会有一种崩溃感。这可能会导致你放下工作，整天躺在床上什么都不想干、不想见朋友，不想出门；也可能会让你不停地做事，不给自己直面这些改变和挑战的时间。有时候，崩溃还会让你求助于药物、酒精、赌博、疯狂购物以及其他过度的行为来自我调节。如果得不到缓解，你可能就会产生绝望的情绪，自我孤立以及自行治疗不仅无效，反而让你越来越糟糕，你会陷入黑暗、混乱的境地甚至堕落下去。从这个黑洞里爬出来相当困难。特别要注意的是，你的情绪状态会被你的孩子看在眼里。对孩子来说，和崩溃的父母生活在一起是很可怕的，毫无安全感可言。

当你处于这种状态时，你和你的孩子都缺少身体上和情绪上的安全感。这时候可能需要另一位成年人（比如家庭成员、朋友或者育儿助手）介入，以稳定孩子的生活规律，特别是在他们还小的时候。如果你的确处于崩溃状态，你很需要来自社区以及你的雇主、家庭和朋友尽可能多的支持。医疗或者心理健康干预可能也是必要的，这会帮助你恢复稳定的状态。

破壳而出

虽然从表面上看，崩溃和破壳而出有些相似，但是那些破壳重生的人并不是把自己和痛苦隔离开，而是要拥抱它，允许自己感受它，毫无恐惧地接受它。当你面临转变要破壳而出时，你应允许自己去感受你拥有的无数感受，而不是回避或者否认它们的存在。你愿意面对所有的混乱和破坏，并且不害怕它们再次来袭。你可能需要号啕大哭一场，或者与你的家人、朋友、心理治疗师或心理健康专家聊一聊，寻求他们的帮助，或者依靠宗教信仰来帮助自己渡过难关，但你不会推开它们、否认它们，不会用自我麻醉或者忙碌来回避它们。破壳而出创造了把过去的创伤带出来并使其愈合的重要机会。脱离日常生活的轨道并打乱循规蹈矩的生活节奏，可以帮助你识别那些隐藏的创伤和伤痕，并有意识地处理它们。

练习 4-1　我是崩溃了还是破壳而出了

想想你自己对离婚这一生活变故的反应。你是怎么处理的？你是崩溃了，还是破壳而出了？你当时的感觉如何？如果你现在通过"后视镜"往后看会看到什么？你是否发现自己在这个过程中成长了？在你的日记本上写下是什么帮助你成长了，又是什么帮助你做出了调整,是什么帮助你恢复过来的?仅仅是时间的作用,还是其他什么原因?你能从这段经历中获得更多的成长吗?

形成安全区域

不管你是崩溃了还是破壳而出了,你熟悉的生活节奏很有可能被打乱了。为了确保安全,换句话说,为了让你的世界更平静、更安全,从下面几个领域重新建立熟悉的生活节奏或者创建新的规律是至关重要的。

心灵。为了帮助你与更广阔的宇宙进行联结,你可以把自己喜欢的灵性表达方式与各种渠道重新联系上,这些渠道可以是一位精神领袖、一个特别的朋友、一本有意义的书籍或一段文字,也可以是一个熟悉的仪式、一个朝拜的地方或者你最喜欢的自然环境。

精神。通过做一些能够提升自尊和重申自我价值的事情来提醒自己的价值所在。你可能会在与一个特别的人、小组或者团队的交往中,或者在参加一个让你自我感觉良好的活动中发现这一点。你也可以通过做一些帮助他人的事情(比如在救助站或者医院做志愿者)来体验这种感觉。

职业。铭记你工作的价值,尽可能合理地安排你的日程和活动。如果你需要在工作上做出调整(比如,如果你之前一直是在家里工作,现在你需要走出去找工作),那就需要着手为自己准备有意义和令人满意的工作步骤。如果你需要重新开始或者转行,那就赶紧去寻求他人的帮助和指导。

财务。为了能在经济上更稳定，充分了解自己的财务状况并加以打理对你来说极其重要。关注你的收入、资产、债务和支出的来源，这是为你当下和未来的经济生活制订切实可行的计划的第一步。

社交。为了获得归属感，与朋友和社区保持联系也很重要。如果你已经疏远或者忽视了这些联系，那重新建立联系会对你有所帮助。如果你一直有意"躲着"某些人或某些组织，那就坦率地道个歉，以寻求支持性的健康关系（而不是目的性很强或是故意做秀的）。

家庭。一定要获得家庭的支持，跟重要的家庭成员保持长期持久的联系和关系是很有帮助的。确保你们的谈话内容与他们有关，而不仅限于聊你本人的境况。告诉你的亲朋好友，你并不想谈共同养育者，因为这些讨论很容易让你回到"战争"状态，以及你应该做什么、不应该做什么的问题上。

身体。为了有充足的体力和精力来应对当前的处境和未来的不确定性，保持或者养成健康的睡眠、锻炼和营养膳食习惯并持之以恒是至关重要的。你不必衡量结果，也没必要为自己预设一个硬性的目标，只要顺应照顾好自己身体的本意，有意识地注意饮食、锻炼以及运动方式是否科学就好。

练习 4-2　我的安全区域

仔细审视你的安全区域，评估你在各个领域中的现状，并写在日记本上。

领域	现状	非常满意	满意	需要改进	不起作用
心灵					
精神					
职业					
财务					
社交					
家庭					
身体					

分别看看以上每个领域。为了提升你的安全感，你需要从哪里进行改善？在每个安全区域中写下哪些方面进展还比较顺利、哪些还需要更进一步改进。用"非常满意""满意""需要改进"或者"不起作用"评估每个领域。这可以帮助你精确地找到需要聚焦的地方，建立更好的平衡。

现在，制订一个对你觉得不够安全的地方加以改善的计划。如果你陷入困境，想想在每个领域有什么资源可以帮助你制订计划。在这个计划中，谁可以成为你的伙伴？谁可以在整体计划或者每个具体领域里帮助你？你可以再列一张安全区域表，在每个区域旁边写上你的计划，为自己营造更多的安全氛围。

领域	困境	改善计划
心灵		
精神		
职业		
财务		
社交		
家庭		
身体		

有些领域你可以选择自己完成。重点是营造出你能经常或者只是在需要的时候使用的安全和舒适的区域，好让你的世界变得更平静、更安全。

你不是离婚的受害者

在面对困境和有挑战的情形下,你的应对方式会受到你如何定义你自己的影响。当你把自己看作一个无助的受害者时,你会变得很被动、很无力。你面对危险或者挑战的时候越是麻木不仁,或者越是一味抗议这件事有多么不合理、不公平,带给你多么大的威胁性,而没有采取适当的行动去改变它,你就越会让自己扮演一个被动的、孩子气的角色,也就越会失去适应和成长的机会。同样,当你全神贯注在什么是"公平的""正确的"或者"应该的"上时,你会发现自己尽管义愤填膺,认为有仇必报,但却深陷在痛苦之中。充当受害者的角色对你来说是不适应的表现,即使发生在你身上的事情是可怕的、伤人的、超出你的控制和理解范围的。当你把自己看作一名受害者,你就剥夺了你自己前进并最终治愈你自己的力量。

如果你的伴侣伤害了你或者背叛了你,你可能会抓住这个受害者的角色不放。你可能没有发现,摆脱不了这个角色对你自己和你的心灵都是一种伤害,而且这对你的孩子和他们在这个状况下赖以走出来的安全通道的危害也不小。陷在受害者角色里的你无法获得转变的礼物、治愈和恢复的机会,以及成长和发展真实自我的机会,有时候,你甚至很难辨认你是否正在扮演受害者的角色。

练习 4-3 我把自己当作受害者了吗

我们很多人在童年时期都有过父母在某种程度上扮演受害者角色的经历。我们可能也是这样的,只是没有意识到罢了。你是否也把自己当成了离婚的受害者?你可以通过问自己是否有以下想法来评估。

- 你认为你对你的前任的攻击是正当的吗（因为他曾经那样对你）？
- 你觉得对自己的幸福或者痛苦负责是件很困难的事吗？
- 你觉得你的前任需要为你所有的痛苦负责吗？
- 你会唠叨、抱怨、骚扰你的前任，直到他答应你的要求吗？
- 你会挑起前任的攻击行为，却对你自己在其中的作用轻描淡写或者视而不见吗？

如果你对这些问题中任何一个的回答是肯定的，那你可能正在把自己塑造成受害者角色，这会限制你自我愈合和恢复的能力，阻碍你的成长。如果你意识到你已经把自己当作离婚的受害者，你可以运用上述知识觉察你是如何理解与前任的状况的，以及你是如何根据你的理解对这些情况做出反应的。

••

设定一个目标，有意识地从有利于理解你自己角色的角度去审视每一种情况，并且寻找在你的行动和反应中，你可以改变和控制的是什么。这会帮助你迈出摆脱受害者心态的第一步。在你跟共同养育者互动的过程中，注意你是否以自我为中心，并制定了一些策略和创造了一些机会，能让你在回应（回复邮件、发短信或者打电话）之前停下来想想。

调整伴随你受害者心态的那些情绪（如愤怒、恐惧、悲伤），并形成对某些代表"你又掉进受害者的感觉里去了"的信号的察觉。当你发现自己有受害者心态时，这些情绪会提示你去挑战自己的观点。当你发现受害者的立场不再对你有利时，你可能希望得到帮助，如通过个人或者团体治疗、支持小组或者个人的辅导，来改变这种看待世界的方式。也许当你试着摆脱受害者角色时，你会发现真实的自我是很有帮助的。那么，找到或者创造真实自我的第一步就是探索你的核心价值观。

核心价值观

你的核心价值观是你坚持的基本的个人信念。当你倾听真实的自我时，这些信念决定了你是一个什么样的人以及你如何面对挑战和生活。重新定义或重新发现你的核心价值观对了解真实的自己至关重要。留意你的核心价值观，让你和你的中心自我同步运转。在本节中，我们将考查一组具有代表性的核心价值观。你可以选择对你来说最重要的价值观，这样你就可以让你的核心价值观更加牢固。这对你在离婚过程中或者离婚后坚持自我，或者找回迷失的自我至关重要。当你从已婚的身份过渡到独立的个体和单身父亲/母亲的身份时，明确你作为个体和父亲/母亲的核心价值将让你更聚焦于你自己。你可以把你真实的自我带到阳光下，远离艰难婚姻的至暗时刻。

定义你自己的核心价值观

把你自己看作一个独立的实体，与你的父母、兄弟、姐妹、孩子、前任、朋友、同事、邻居和其他人分开，这有助于定义你的核心价值观，即那些能真正代表你是谁并激励你的价值观。下一个练习会帮你定义这些核心价值。

练习 4-4 定义你自己的核心价值

下面这份具有代表性的核心价值清单可以供你选择。这份清单来自情绪效能疗法中的价值观澄清工作表。尽管这并不是一个完整的列表,但包含许多重要的类别。选择最多五种价值来作为你个人定义的价值观。如果你在这个列表中没有找到对你来说很重要的价值,你也可以自行添加。

责任	贡献	卓越
准确性	控制	兴奋
成就	合作	专业
冒险	正确性	探索
利他主义	礼貌	表达能力
雄心壮志	创造力	公平
自信	好奇心	信仰
真实性	果断	家庭
平衡	可靠	健身
归属感	决心	流利
有胆识	虔诚	焦点
冷静	勤奋	自由
细致	守纪	朋友
挑战	审慎	有趣
开朗	多样性	慷慨
开明	活力	优雅
承诺	经济	成长
共享	有效性	幸福
同情心	效率	努力工作
竞争	优雅	健康
一致性	同理心	帮助
满足	享受	圣洁
持续改进	热情	诚实
谦卑	平等	荣誉
独立	虔诚	自发

聪明才智	积极	稳定
内心和谐	实用	力量
好打听	准备	结构
洞见	专业	成功
智力状态	谨慎	支持
天分	质量	团队合作
直觉	可靠	节制
快乐	智谋	感恩
正义	克制	彻底性
领导	结果导向	体贴
传承	严格	时效性
爱	安全	宽容
忠诚	自我实现	传统
有所作为	自我控制	诚信
精通	自力更生	求真
优点	无私	理解
服从	敏感	独特性
开放	宁静	统一
命令	服务	有用性
创意	精明	愿景
爱国主义	朴素	活力
速度	稳健	

例如，我的核心价值是：

- 责任；
- 自给自足；
- 自我价值；
- 真实性；
- 同情心。

现在,选择你的核心价值,并把它们写在你的日记本上。

在你的选项中,你注意到了什么?这些词是怎样评价你的?这些评价与你想象中的父母对他们的核心价值的看法有何相似或者不同之处?在你的婚姻生活中,你的生活方式是否与这些价值一致?在你走向未来的过程中,你需要做出哪些改变,才能让你的生活方式与你的核心价值保持一致?

定义你身为父母的核心价值

审视一下你作为个体的核心价值,这对你如何定义作为父母的价值也是有意义的。如果可能,再看看共同养育者的价值观,以此来确定每个成员支持和养育孩子背后的中心力量。理想情况下,这些都是你们希望在孩子身上培养和发展的价值观。

练习4-5 定义身为父母的核心价值观

在你的日记本上写下你作为父母的核心价值观,可以参考练习4-4中所列的展示价值观的词汇。

接下来,你认为共同养育者作为父母的核心价值观是什么?把这些词写下来。

清楚地定义你的核心价值可以让你更了解真实的自我;而牢记共同养育者对他的核心价值观的看法,可以帮助你以更多的同理心来回应他,即使他已经大发雷霆了。

现在让我们来看看，虚假自我和真实自我的区别。

发现真实的自我

英国著名的儿科医生和精神分析学家唐纳德·W. 温尼科特（Donald W. Winnicott）曾阐述过"真我"和"假我"的概念。从本质上讲，你的虚假自我是一种存在方式，它建立在满足他人的需求和期望之上。在生命的早期，你的父母没有理解或者没能回应你作为一个婴儿的需求，而你不得不去适应你父母的需求，因此你形成了一个"自我"，它让别人的期望和需求比你自己的更重要，你会依赖别人来定义你自己。在你还小的时候，你会因为做了对的事而得到微笑和表扬，这又会强化你的"自我"。我们很多人会花太多的时间过着虚假自我的生活，只是为了从我们在意的人那里得到赞美，却没有意识到这个虚假自我掩盖了真实的自我。这可能会让我们体验到空虚和不真实；相反，当你受真实自我驱使，你会体验到活着和简单存在的感觉，你会接受自己的局限和弱点，从你的中心自发地行动。当你做你真实的自己，你的自我形象就会与你的目标、信仰、价值、语言和行动保持一致。

你之所以卷入和共同养育者的激烈冲突中，很可能是因为你和你的真实自我是不一致的。如果你在童年时就形成了这样一个虚假自我，那么你很可能就是以这种方式进入婚姻的，也许你会更关注配偶的反应，而不是你自己的感觉、需求和观点。我们的目标是帮助你摆脱婚姻中可能存在的虚假自我，因为虚假自我也会被你带进离婚后的生活中，与你的真实自我纠缠在一起。当你摆脱了虚假自我，你就更能够进入中心自我,从那里去与共同养育者交流。那么你就不太会被杏仁核劫持,也就不太可能做出战斗、逃跑或者僵住的反应;相反,你可以保持你的尊严,用你所有的理性和情绪来回应以你为中心的自我。

练习 4-6　用自己的核心价值来处理冲突

想想你最近和共同养育者发生的一次冲突。在你的日记本上写下当时的情景,以及你是如何应对的。接下来,重新写一个以你真实的自我为中心的回应。如果分别从你作为一个个体以及一个父亲/母亲的核心价值观出发来写,你注意到有什么不同吗?当你这样回应时,你会有什么不同的感觉?当你发现与共同养育者陷入冲突时,问问自己,你是否在以真实的自我行事。以中心自我的方式去做反应,可以帮助你避免产生情绪反应;相反,这会帮你维护自己的尊严,保护你的孩子免受另一场情感风暴的伤害。

通过叙事过程完成从受害者到英雄的转变

你不仅是你自己生活故事的创作者、讲述者,而且还可以从不同的视角和角度来进行讲述,以强调故事不同的方面。你可以把自己当成受害者来讲述你的故事,但与此同时,你也有能力以促进成长和赋能的方式重塑你自己的故事。下面我们来看看我同事的故事。

艾米的故事

艾米的第二任丈夫偷走了她毕生的积蓄,她说她不得不工作到95岁。作为一名心理健康专家,她感觉很羞愧,说自己怎么这么愚蠢,嫁给了一个具有反社会型人格障碍的人。她不断地问自己:"我怎么会没有料到这一点呢?我怎么会让自己上当呢?我怎么就没有早点醒悟呢?我这么深爱的人怎么可能背叛我呢?"她痛苦万分,沮丧到了极点。她给自己讲述这个"故事",基本上就是指出自己是个愚蠢的失败者。

有一天,艾米遇到了另一个男人,她毫不犹豫地称其为"一生的挚爱"。过了一段时间,她恍然大悟,之所以跟那个人的婚姻那么糟糕,以至于她只能选择结束,就是因为要找到这个合适的伴侣。她不再是"失败者",而是一个必须经历非常艰难的旅程才能到达幸福彼岸的人。她改写了她的故事,或者说改变了讲述的方式,这也改变了她的情感体验。她的前任并没有变,她也没有追回自己的积蓄,但她讲述这件事的新方式是自我肯定,她保留了尊严,并且为自己的经历赋予意义。

艾米在脑海中构思的新故事给她带来了更好的情绪状态和身体感受,这就是不同所在。美国心理学家乔恩·波利森科(Joan Borysenko)曾说过,是我们书写了自己的生活故事。她解释说,我们总是可以选择重写故事,因为我们首先是故事的作者。

在第3章中,我们帮助你察觉到你在责怪前任什么、你的前任又在怪你什么,以及你会对那些叙述有怎样的情绪反应。我们也要求你将自己的观点和前任的观点分开,并意识到有些观点不是你的,只是一个可能得到了你的允许来定义你,继而被允许来影响你的情绪反应的人的观点。在本章前面,你有机会去思考是否要把自己定义为受害者。如果你选择拒绝将自己定义为受害者,并决定从一个更强大的立场来定义你自己,那么你就会找到处理你和共同养育者的潜在冲突的新方法。定义你的核心价值并找到你的真实自我,这会给你机会去通过自己而不是共同养育者的镜头把自己看得更清楚,维护自己的尊严,保护你不被卷入那些让自己后悔的反应中。在下一节,我们将介绍如何改写你的故事的方法,这样你就能从受害者的角色转换到幸存者,甚至是英雄的角色。

英雄之旅

在生活中摸索前行时,我们都置身于旅途中,并不知道这段旅程会把我们带到哪里。通过重写你的离婚故事,你有机会重构一个能够赋予你力量的故事。通过复述你的故事,你可以专注于复原力,将自己从受害者变成英雄。通过这些行动,你可以让"支离破碎"的你过渡到心态"平和"的你。

美国神话学大师约瑟夫·坎贝尔(Joseph Campbell)曾把变成英雄的旅程分为三个阶段,这段旅程可以改写你的离婚故事,改变你离婚后的生活。

第一阶段旅程涉及"与已知事物分离"。在这个阶段的故事会产生某些危机,你的生活会出现一些困难。在讲述你的离婚故事时,你能意识到该阶段将触及"婚姻正在解体,分居和离婚将不可避免"的内容。

在旅程的第二阶段,你会处于"不确定的时刻",这一时刻介于

"不再"和"尚未"之间。这通常是一个会让人体会到剥离和漂泊的阶段。你熟悉的角色受到了挑战，并且已经消失了。你可能会觉得自己失去了方向，跌入谷底。在这个阶段，你主要的情绪是震惊和悲伤。在寻求支持时，你可能会借助身边的好友和导师的一臂之力。你也可能会发现，生活中还有一些人并没有支持你的成长，这些"朋友"常常会从画面中消失，而且在某种程度上，他们成了我们成长的阻碍。离婚故事发生在你做出离婚决定后的几天、几个月甚至几年，并持续到合法离婚的那一刻，甚至更久。

当你"穿越火线"回归你的生活，并成为真实或真正的自我时，你就来到了第三个阶段。如果你已经被你的经历改变了，那么你可以把你的"伤口"变成"智慧"，把你的"垃圾"变成"肥料"，你就能够活得更真实，也能激励其他人。

在接下来的练习4-7中，我们将让你有机会重写你的离婚故事，注意这个英雄之旅中的三个阶段。我们希望你能思考你在每个阶段的经历，并且写得尽可能地详尽。

练习4-7 以英雄的姿态重述离婚故事

按照上面描述的"与已知事物分离""不确定的时刻""穿越火线"这三个阶段来写你的离婚故事，尽可能体现出生动的细节和丰富的情感。在描述你的故事时，要有意识地关注在你的经历中出现的复原力和成长，尤其要在第三阶段上多花一些时间。当你经历第三阶段时，你有什么感觉？你学到了什么？

把你的故事描述成一个英雄之旅可以帮助你专注于成长的要素以及你的未来。从这个角度讲述你的故事感觉如何？你感受到有什么不同吗？是更有力量了吗？你能从中看到治愈和成长的机会吗？你能在日常生活中用这个故事去激励自己敢于面对恐惧、尝试新事物，并勇于表达自己的观点吗？你在自己身上看到那种应对困难、挑战以及转变所需的韧性了吗？当你视自己为英雄时，是否会给你带来更大的希望和更多的快乐？你能否开始放下共同养育者批评或指责你的反应？你能分清楚他的评论是他自己的，并不能定义你吗？你能听出来那些评论只是共同养育者个人的观点，而不是对事实的陈述吗？你就是你自己，不管别人是怎么想的、有多失望、有多么不认可。

总结

在这一章中，我们探讨了一些非常有力量的概念，从转变期意料之外的礼物开始。练就韧性，以开放和好奇的心态来应对预料之中和之外的转变，会让你充分利用潜在的成长和改变机会。我们在练习 4-3 中提出的一系列问题正是为了帮助你评估是否在运用受害者视角。如果是，你可以使用本章中讨论的方法来改变你的观点，包括定义或者重新定义你的核心价值来恢复你的真实自我。列出你的核心价值能够让你离真实自我更近，然后让你以第 3 章中讨论的中心自我状态和共同养育者接触。最后，把你的离婚故事改写成一个英雄之旅的故事是改变你如何看待自己的另一种更深刻的方式——从受害者，到幸存者，再到英雄。

带回家，用起来

要想活学活用本章的知识点，请试试下面的建议。

* 了解转变带来的好处，敞开心扉迎接转变带来的成长机会。
* 让自己意识到自己有没有受害者的心态。如果你察觉到你有，就在朋友、家人或专业人士的帮助下挑战这种看待自己处境的方式。
* 通过定义和聚焦自己的核心价值，注意找回作为个体以及作为父母的真实自我。
* 将你的离婚故事改写成一个英雄之旅，专注你的成长、力量和韧性，以及你在这个转变过程中学到了什么。

第二部分

为了孩子的未来，
走好共同养育的每一步

第 5 章

如何化解与共同养育者的冲突

正如我们所讨论过的，对父母离了婚的孩子来说，长期的父母冲突是他们感到最为困难的方面之一。那么，冲突因何而起呢？有一种观点认为，冲突是对感知到的自我攻击的反应。在本章中，我们将首先讨论自我。然后，我们将研究冲突的模式、情绪如何影响冲突以及我们如何做才能减少冲突。我们还将讨论如何准备和有效应对冲突，以及如何从与共同养育者的冲突中恢复过来。

自我

"自我"一词描述了你的自我意识——你的态度、价值观和关注点。这就是你作为一个人的感觉，或者一些人所说的自我价值。这不是你的实际价值，而是你的自我价值感。

当你还是个小孩子的时候，你的自我意识在很大程度上来自你与父母相处的经验。他们是怎么对待你的？他们是否有爱心，是否善解人意呢？你经常被忽视或忽略吗？他们表扬或赞美你吗？你经常受到指责或批评吗？他们有没有表现出对你的信任？作为一个孩子，你很可能将这些经验内化，并通过你周围的人（很可能是你的父母）对你的反应来定义你的价值，他们就代表全世界。随着你的成长，这种依靠他人来定义自己的倾向可能会扩展到朋友，然后到亲密伴侣。

在恋爱过程中，你可能已经体验过令人陶醉的浪漫，并对自己说："我恋爱了，我的伴侣很爱我，我值一百万美元。"这与分手时说的"我的伴侣甩了我，我不好，没有人会爱我，我是垃圾"形成了极大的反差。

当你的婚姻失败时，你的自我可能会受到很大的影响。我们很容易将婚姻的失败解释为与自我价值有关。你可能会问自己以下一些问题：

- 为什么我在伴侣眼里不够可爱？
- 我怎么会选了一个如此不适合我的人呢？
- 我怎么会如此愚蠢，没有看到这一切的到来？
- 我竟然把这段婚姻维持到现在而没有死掉？
- 这事要是发生在我身上，谁还会爱我呀？
- 我怎么能这样对待我的孩子？
- 我是个什么样的人？
- 为什么我不能搞定这件事呢？
- 我怎么能把我的婚姻搞得如此糟糕呢？

这类问题暴露出，你的自我和自我评价是由你的婚姻或离婚状况和亲密关系经历决定的。从这个观点来看待自己，可能会给你带来很强烈的痛苦,甚至连极小的事件也会戳痛你。例如,共同养育者在接送孩子时迟到10分钟,你会难以接受而大发雷霆。如果你把这解读为"又来了,他又让我等着""他怎么能这样对我""他现在和我们没离婚时没什么两样",那么共同养育者的行为就可能象征着对"我"(和孩子们)的另一种漠视。看到了吧,这就是你如何用一种与你的自我价值直接相关的方式来解释共同养育者的行为的,就好像迟到的人在某种程度上定义了等待者的价值,即等待的人已经把自己的自我意识交给了共同养育者。而且请你注意,他是如何将自我意识交付给他可能并不喜欢或信任的人的。

我们换一个场景看一下。如果你打电话给水管工来修理漏水的水龙头,他迟到了10分钟,你可能会有点生气,但你不会把他的迟到与你的自我价值联系起来,他仅仅迟到而已。你甚至可能很庆幸他还是来了,不管迟到与否。还有一种可能,如果在他到来前,你要忙着做准备工作,他迟到这一会儿甚至会让你高兴一下。

在第一个迟到的例子中,你可以改变你对共同养育者行为的解释,把你的自我从中解脱出来。比如,你告诉自己说:"他又迟到了,这也不是什么新鲜事,没离婚时他也是这样,他就是这样。"注意这些评论跟你没有关系,评价里不包括"我"这个词。它们只是行为本身的客观评论,没有主观的解释或个人理解。现在,让我们将其应用到你与共同养育者的具体互动中去。

练习5-1 把自我解脱出来

在你的日记本上列出你的前任让你激动或沮丧的三种行为。然后，对于每个行为写下它对你意味着什么。共同养育者是如何看待你才会这么做的呢？

接下来，把这三个行为改成与你无关的叙述。只描述共同养育者的行为，不要把这些行为与你的价值联系起来。最后，写下你不把前任的行为个人化理解后的感受。

● ●

当你想到离婚这事时，你可能会说："我明白，但这是我离婚，怎么可能跟我无关呢？我的生活完全颠覆了。我的梦想破灭了，前途未卜，我的孩子们现在很崩溃。我怎么可能置身事外呢？"

当然，离婚的你有类似的感觉很正常。然而我们发现，把离婚看作你正在经历的一种体验，而不是来定义你的事情会很有帮助。这里有个很重要的区别：尽管离婚是一件非常有压力的生活事件，但它并不能定义你的性格或内在本质。前任对你的评论、发生的事件以及对方对信任的背叛等都是你需要应对的挑战，它们只是你的故事或人生旅程的一部分（见第 4 章），与你作为一个人的价值无关。

当你将一个情景内化，认为别人做什么或没做什么都和自己相关，你的自我（或自我意识）就会介入其中。事实上，冲突是对自我的攻击。当你的内在有冲突时，你就会经常对自己感到沮丧，处于不安定的状态（或不适状态）。当你有外部冲突时，你经常会对别人（也常常对你自己）感到很烦躁。在这些时候，疾病可能就升级为全面的攻防态势。

如果你把角色调换一下，就可能会出现不同的情况。共同养育者对你说："我不敢相信你居然又迟到了。你是怎么回事？你宝贵的工作难道比孩子们更重要吗？你是改不了了！"面对这种人身攻击，要抵御它是相当困难的，关键是你如何应对这个攻击。你会让它进来吗？你给了攻击者通行证吗？你允许你的自我或自我意识受到攻击的伤害吗？如果是，那么你很可能会采取防御（或者攻击）的姿态："哦？！你是说我迟到了吗？上周你迟到了45分钟，说'因为交通堵塞'。好吧，堵车。真有你的，连孩子们都不相信。顺便提醒你，免得你忘了，我的工作承担了孩子们很大一部分经济来源。你会站出来承担这个责任吗？哦，可以的话，那我就辞职。"

或者，你是否决定采取不同的方法简单地结束这场争斗，如挂断电话、不回复短信和电子邮件？你是否"阻止"共同养育者，决定不跟一个在感情上如此苛刻甚至可能虐待他人的人打交道？当你把对方的行为和评论理解为对你核心自我意识的攻击时，这种回避（或逃跑）反应也很常见，但也很容易让你陷进去。

无论你选择战斗还是逃跑，这种回应都会引发冲突，因为共同养育者的行为会贬低和威胁你的自我意识。

练习5-2 结束战斗或逃跑

在你的日记本上列出几次你参与争吵的例子。当时是什么情况？争执因何而起？你是怎么干架的？

接下来，列出几次你处于逃跑模式的例子。当时是什么情况？争执因何而起？你又是怎么逃跑的？

现在回顾一下这些情景，看看你是否可以仅仅从现实的角度为每种情况提供一个解决方案，就像你是第三方，不偏袒任何一方，只是简单地想解决手头的问题，试着找到一个合理的解决方案。不把这种情况看作跟你的自我价值有关，而是将它看作一个需要解决的实际问题。这样，你就可以在处理的时候情绪反应（和相应的身体反应）少一些。

∙∙∙

冲突循环

从外部视角来看待冲突，你常常能看到独特的模式。退后一步，看明白阻碍你和共同养育者沟通的冲突模式是很有帮助的。给冲突循环的模式命个名，可以让你们保持一些距离，而不是仅仅感觉自己被它们困住了。冥想的人经常会发现，这种策略对处理长时间冥想中可能出现的身体和情感上的不适会有所帮助。你在心里问自己"为什么我的鼻子会痒"或者"为什么我这么难过"往往会导致更多的不舒服；相反，简单地说"我的鼻子痒了"或者"嗯，我伤心了"就会让这种体验或者感觉过去。禅宗大师可能会把这描述成小溪上的一片浮叶。我们不需要去给树叶赋予人格，或者理解为什么它会漂到这里以及怎么漂到这里的。我们可以只是觉察它，注视着它漂过来又飘走，看着水面上波光粼粼。我们还可以留意，有些树叶彼此相仿，而另一些树叶却截然不同。让我们来看看写着"冲突"的这片树叶（或者模式）有哪些类型吧。

持续恶化

冲突循环中有一种是恶性循环。冲突有时候会以一种不易察觉或者微妙的方式开始，然后慢慢变得更严重，每一步都变得更紧张或者更明显，直到两个人再次陷入战争。我们在很多类型的争吵中都能看到这一点，即最初父母双方的互动从正常进入到白热化。它可以从非常琐碎的小问题或者随口一句评论开始，然后演变成非常令人崩溃的经历。这样的情况也可能发生在婚姻存续中，带来被一些夫妻称之为"了不起的弥补"。在离婚大战中，虽然出现了强烈的消极互动模式，但通常很少会出现弥补；相反，怨恨会不断积累，双方都可能在针对共同养育者的怨恨清单上浓墨重彩地添上一笔。这种恶性循环可能跟寻求依恋有关（见第6章），因为他知道，如果他想得到共同养育者的关注，最容易也最有效的方式就是变得消极而且挑衅。还有谁会比前任更能激怒彼此的呢？

消极亲密

在这个冲突循环中，我们会看到，父母中的一方或者双方都在进行私密而激烈的沟通，就像在亲密关系中时那样，只不过这样的沟通是消极而不快的，经常会激烈争论。这里可能没有恶性循环，但却是一种持续的敌对互动模式，围绕各种大小问题反复发生。

这些强烈的消极互动似乎在关系中保持了一种激情，尽管这种争吵已经非常不愉快了。当存在消极的亲密关系时，我们经常会看到，花费在争论某一天让孩子在哪里过夜上的精力，跟用于做出一个跟孩子有关的艰难而复杂的医疗决定所耗的精力差不多。这些情景和关于它们的争论，都会把你带进激烈的消极情绪和冲突中。

牵扯

第三种冲突循环我们称之为牵扯。这里我们看到许多个问题或者反对意见相互关联。如果有一个问题冒出来，冲突就一触即发，因为每个决定或行动都跟其他的交织在一起。这在以下的场景中就很明显。

>杰克：可以把孩子们的护照给我吗？我想带他们出国。
>
>贾妮思：你按时给我抚养费，我就把护照给你。
>
>杰克：不可理喻。我没有按时给你抚养费，是因为你从来没有给我你那部分还没报销的医疗费。
>
>贾妮思：你都不付你该付的那部分课外费，我为什么要给你医疗费？

如果这些议题全都搅和在一起，这种冲突怎么能结束呢？谁会先让步？为什么他们要让步？杰克和贾妮思把所有问题都纠缠在一起，建立起了一种铁定会冲突的相处方式。

上面讲到的几种不同的冲突循环可能会造成父母在离婚数年后甚至孩子们都成年后还深陷痛苦的冲突当中。就像我们在第 1 章说过的，这被称为冲突成瘾。这样的父母不会一同参与孩子的人生大事，比如毕业典礼、婚礼和孙辈的出生庆典。他们会这样说："如果他去，那我就不去了。你知道的，我不可能跟你的爸爸/妈妈同处一室。"他们的孩子甚至是孙辈到二三十岁都无法摆脱这种冲突的影响。

练习 5-3　评估我的冲突循环

想想我们刚刚讨论的三种冲突循环，然后在你的日记本上写下你和前任有关这三种类型冲突循环的例子。哪些冲突循环会反复出现？你在冲突循环中扮演了什么样的角色？你可以做些什么有所不同的改变？你如何应对才能既不会让冲突升级，又能简单解决有争议的实际问题？为这些冲突循环命名和标记可以帮助你跟冲突保持距离。

情绪和冲突

冲突循环跟情绪直接相关。这些情绪因素会让你更容易对共同养育者的言语和行为做出反应。从某种意义上说，它们会让你密切关注"战斗"，甚至会让你看出争斗的端倪，而共同养育者其实并没有这种意图。我们也可以在健康的关系中看到这一点。例如，两个相爱的人发生争吵，然后停下来看着对方。一个人说："我都不知道这是怎么发生的。我不想跟你吵。"另一个说："我也不想和你吵架。"这对伴侣陷入了他们对彼此的假设和反应中。在冲突的关系中，几乎不大可能不发生这种情况。

假设一下，如果你跟共同养育者没有交往史，就像在科幻电影里一样，你们被简单地分配了一个孩子来抚养。想象一下，你对这样的共同养育者没有任何"包袱"或不舒服的感觉，因此，你会更自由一些吗？会更没有负担吗？

如果不是这样，你可能会在这段关系（可能还有诉讼）中保留许多心理动力和情绪。让我们来看看其中的一部分，试着先去理解，然后决定放弃什么，或者让哪些东西像漂在溪流上的树叶一样随流水远去。

执着于愤怒

离婚会给双方带来极其痛苦的情感体验，当事人常常会表现为愤怒。不过，你也许听到过一句关于愤怒的有哲理的表述："嗔怒就像在掌心点火，在扔给别人之前，首先烧到的是自己。"有些前任之间的大部分沟通都是在愤怒的情绪下进行的，这种强烈的消极情绪不仅会主导彼此之间的互动，还会严重影响他们的孩子，因为孩子会夹在冲突中，听到父母互相贬低彼此。事实上，我们曾经听到过共同养育者私下告诉我们，他们仍然爱着对方，但公开场合又会互相谩骂。表达愤怒真的有用吗？这到底对谁有帮助？又"烧伤"了谁呢？

执着于过去

当你们旧事重提，冲突往往会加剧。你用过去来预测未来，借此证明自己当下的立场。你可能会说："你以前可从来都没兴趣这么做，我怎么敢信你现在就有兴趣了呢？"其他时候，你会非常郑重其事地质疑共同养育者当下所说的某句话，就像这样："在我们打官司的时候，你曾经恶意抨击过我的养育行为。你现在却夸我是个好家长。话都让你说了。"如果共同养育者说"事情不是这样的"或者"我没有那样说"，接下来你们的争论就会发展到对解释可信度的争辩上，甚至是对过去的评论。对过去耿耿于怀还可能会让一方把对过去的错误当成对其未来行为的预测。例如，父母中的一方可能会说："去年感恩节你都没有答应我要调整安排的要求，那么我现在为什么要答应你的要求呢？"执着于过去，为冲突之火提供了充分的燃料，并产生一堆炙热的岩石来灼伤你的手。

执着于真相

"真相"是难以捉摸的。在心理学入门课程中有一项实验，讲述一个陌生人出乎意料地跑进大讲堂，抓起教授的公文包就跑走了。接下来，实验人员要求上课的 100 名学生描述一下这个拿走公文包的人。而在场的人对刚刚发生的事件的描述并不一致，这些目击者对"小偷"有着许多不同的描述。

当你跟孩子单独在一起时，如果他歪曲事实或者故意撒谎，你会质问他："你真的只用了 10 分钟就做完了所有作业？"在这些情况下，你强烈怀疑孩子是不是说了真话，或者你知道他就是在撒谎。

然而，当孩子把共同养育者也带进谈话中，你往往会立刻接受孩子的说辞是真实的。一名五岁孩子告诉他爸爸，周日他在妈妈那儿没吃上晚饭。于是爸爸听后就质问妈妈："你养成了不给我们的孩子做晚饭的习惯了吗？"爸爸听信了儿子的话，认为他掌握了真相。妈妈想了一会儿，简单回应道："是星期天吗？噢，是的。家里来亲戚了，我们午后吃了顿大餐，然后我晚上 7 点左右给蒂米吃了份点心。的确，他 6 点的时候没吃'晚餐'，我觉得他 3 点半才吃完中午饭，应该不饿。不过 7 点我又给他加了甜点。"在这个情况下，蒂米并没有故意歪曲事实。考虑到他的年龄，我们可以理解，他只是认为，他没有像往常一样在 6 点左右坐在餐桌上，吃平常会吃的晚餐。然而，当父母无条件地认为孩子报告的信息就是绝对的真相，然后用对对方最不利的方式来解读这些信息,并确信不再有其他的解释后,冲突就无法避免了。

执着于对错

常言道:"你是想争对错,还是想要平静?"想一想,为了让一个不愿意认错的人证明他错了而你才是对的,你为此花费了多少精力?同时,他很可能也在试图证明你才是错的。这解决不了问题,因为你们俩都在捍卫自己的立场,相互对抗,或许还在为了找到"看看你错得多离谱,我才是更好的家长"而感到兴奋。当父母双方就"预约下午4点还是5点去看医生对孩子来说更好"这件事吵得不可开交,这就很说明问题。后来双方都承认,如果医生只给一个时间,不管是几点他们都会带孩子去。他们都认为自己才是正确的,并且很看重向对方证明这一点。这种在正确与否问题上的重视或投入,暗示着自我的参与。试想,如果你和共同养育者中的一人这样说:"哇,你才是对的。我不知道我为什么没从你的角度看问题。我道歉。"以我们的经验,这种情况就不会导致冲突的发生。试图让共同养育者认错,承认你才是对的,往往行不通。

执着于改变对方

你们每个人都在尝试通过批评对方和给对方讲道理使其有所改变,诸如"为什么你这么自以为是""你到底什么时候才会把孩子的需求放在你自己的需求上""你就是个骗子",仿佛你们真的能成功改变对方的观点、行为或者性格一样,你们彼此说的这些只是一些批判性的、贬低性的以及引起冲突的评论。如果你曾经接收过这样的言辞,你觉得它们会有用吗?我们敢打赌,你不会跟自己或者跟别人说:

"哇，谢谢你，我从来没注意到我自己是那样的。我很感激你指出来，因为这是我应该做出努力的事情。"同样，对面那个听你说这些的人，也不会因为你的这些建议而变得更好，在夫妻离婚后尤其如此。如果共同养育者真的会因为你的尝试和评价而有所改变，我们认为，可能他在没离婚的时候早就改变了，而不会在冲突和对抗中发生改变。

执着于公平

处于高冲突中的父母常常感觉自己的立场才是合理的，每个人都以这样或那样的方式做出类似的反应："你不能那样对我。为什么你这么难缠？为什么你这么不可理喻？"冲突升级的方式很像即将开始吵架的两个孩子（或者即将开战的两个国家），双方都为自己的报复行为辩护，声称自己是因为察觉到对方的威胁或者是在遭受攻击后而做出合法的反应。这种相互报复的循环导致校园争斗、国家战争、夫妻反目。

执着于分享感受

这是个颇有争议的领域。许多心理治疗师和专家都强调分享感受的重要性。然而，我们常常会看到，当离异的父母把分享感受作为指责和批评的借口时，就会适得其反，如"我觉得你是个只顾自己的白痴"就不是一种真正的感受（也不是情绪的表达）；相反，这是个想法、判断、观点或者知觉，以一种敌意的方式说出来，淡淡地伪装成"感受"的样子。

我们也想知道，离异父母想通过与共同养育者分享感受来获得什么呢？是期待得到一个富有成效的解决方案吗？想象一下，当你给银行、航空公司或者超市的客服部门打投诉电话，与听到对方表达他对你抱怨的感受或者情绪反应相比，你可能更关心解决方案。同样地，共同养育者对你表达的感受做出积极回应的可能性又有多大呢？他真的在乎吗？他在你们婚姻存续期间对此有过积极的回应吗？

执着于得到尊重

"你应该尊重我""你对我们的婚姻做了那样的事，我凭什么要尊重你"这样的话是共同养育者起争执时会经常说的。让我们看看这些话对冲突程度和基本的关系有什么影响。在第一句话中，你是在要求对方（你应该尊重我），而第二句话则要求对方提供理由（为什么我应该尊重你）。然而，这两种看似相反的言论却非常相似。在这两句话中，说话者都把自己的行为强加在了他人的行为之上。也就是说，第一句话可以说成或者被解释为"只有你尊重我了，我才会改变对你的方式"；第二句话也在说同样的事，翻译过来就是"如果你能证明或者说服我，你值得我这样做，我就会改变对待你的方式"。在这两个例子中，说话的人都在表达"我的行为取决于你的行为"。这就好像你是一个对对方行为做出反应的机器人似的，至少你会根据对方的行为来决定你的行为，不管它是否有帮助、是否健康以及是否以孩子为中心。是谁在控制你？是你自己，还是共同养育者？为什么把控制权交给共同养育者呢？

执着于防御式沟通的旧模式

上面讨论的冲突循环，通常涉及防御性沟通的外在表现。它可以表现为我们在第 1 章至第 3 章中描述的三种不同类型的行为，即战斗、逃跑或僵住行为。对于这些行为，我们可能会非常熟悉，也可能是在婚姻动力系统和互动中"遗留下来"的。如果一家公司的价值观是拥有世界级的客户服务，那它们和我们在商业世界里看到的就不一样。在一个健康的商业环境中，沟通问题和未被满足的期待，不会受到敌意或者攻击性的对待；相反，这个问题会以理性的、商业化的方式来处理（请参考后面的"采取世界一流的客户服务法"这个部分，以了解更多关于如何舍弃防御性沟通的方法）。

现在，让我们看看你在执着什么吧。

练习 5-4 包袱在哪里

在你的日记本上写下你所执着的东西，是愤怒、过去、真相、对错、改变对方、公正、分享感受的需要，还是旧有的沟通模式？抑或是其他的事情。接下来，写下这种情绪或感知对你是否有用，或者如果没有它，你是否会过得更好。当问题呈现出来时，关注哪些事情会对你更好？把这些列出来。它们可能会在未来非常有用，能帮助你从冲突和情绪反应中转移注意力。

减少冲突

除了放下那些导致冲突的情绪因素外，还有一些替代方案可以减少冲突。这些都不是万灵药，做起来都不容易，也没有一个是去改变共同养育者的。然而，我们发现每一种策略都能帮助你更有效地应对这种情况。

安抚自我

修行达一定境界的人会说,如果你在修行的路上遇到了自我,就消除它。我们当然不是呼吁去消除自我。然而,我们有时候需要温和地跟自己说声"现在不是时候。先休息会吧"。跟共同养育者打交道,并不是什么寻找自信、提升自尊,或者得到尊重和理解的好时机。这是一个完成养育任务的时刻,为了保护自己,不要把你的自我"提上台面"。简言之,不要用和共同养育者的交流来定义你自己或者你的人格。

想象一下,你告诉你五岁的孩子,尽管他不乐意但现在必须去睡觉。即使他已经很困了,也会大哭大嚷:"我恨你。你是个坏妈妈。"你会把他的话当真吗?你会认为他真的恨你吗?你会认为你真的是个坏妈妈?还是你会跟自己说:"他只是对当下的情况做出反应。"但你很清楚,他并不恨你,他只是恨透了此时此刻发生的事情。本质上,你并不会让你的自我意识被孩子的话激怒;相反,你会坚持自我,做一个有爱的父母。不把孩子评价你的话当作事实,这会帮助你在那个时刻做出更有效的反应。

当然,你的前任很可能已经掌握了你情感上的致命弱点,开始攻击那些最容易让你自我怀疑和高度反应的部位,让离婚后共同养育的关系变得更加艰难。然而,想象一下,当攻击来临时,你不妨对自己这样说:

- 他只是心烦意乱,制造了一点噪音罢了;
- 他并不能定义我;
- 他的观点是他的,而且未必正确;

- 我就是我,我不需要他的认可;
- 他当然不高兴,这是可以理解的。他经常为这类事情生气。

改变你对共同养育者的言语所做的反应,是比让共同养育者做出改变更有效的一种应对方式。通过控制你自己对待共同养育者行为的反应,而不是试图去管理对方,会让你更有控制感。当你管理好了你的反应,你就能保护自己免受他人评判的影响。

练习5-5 让自己远离评价

想象共同养育者给你的一个让你难过或者感到侮辱的评价。然后,想想你心里对自己的真实看法,这个看法要跟这条评价相关。哪个更准确?是共同养育者说的,还是你认为的真实看法?

这里的关键是,通过拒绝那些有关你的不真实的一切来安抚自我,就像你不接受孩子认为你是个坏家长一样;相反,把注意力集中在你认为真实的自己身上,不要理会那些充满敌意的"观众"说什么。如果你坚持你知道的真实自我,共同养育者的评价(虽然还是很烦人)就不会让你进入防御模式。

控制防御性沟通

在大多数共同养育关系的沟通中,你既是一名发言者,也是一名接收者。我们把这两种功能分开来看。作为发言者,你在对问题、孩子的需求以及共同养育者的言辞上的反应拥有许多选择。你可以决定回以同样敌意或者消极的话（战斗），也可以干脆不发表评论（逃跑）。你还可以集中精力，不为要不要卷入冲突而分心。也就是说，你可以专注于你手头的决定，并提供一个可行的行动计划。

想想下面这些充满敌意的问题吧。

1. "你到底打算什么时候去给孩子报名参加学校的郊游？"

作为听众，你可能会这样跟自己说：

- "为什么我为孩子做了这么多却没有人感激我呢？"
- "为什么她总是对我这么凶？我不应该被这样对待。"
- "为什么她就不能自己去给孩子报名呢？为什么这总是我的事？"

2. 当你转换到发言者的角色上，你可能会这样回应，特别是当你允许自己卷入其中时：

- "你也是当妈的，为什么你不能自己去给孩子报名？"——批评
- "等我高兴的时候再说吧。"——回避
- "等你把上次郊游该你付的那份钱给我的时候。"——关联

当你被引爆后，通常会看到防御性沟通。很不幸，防御性沟通在共同养育者眼里经常被看作一种攻击，这也经常会让冲突加剧（而不是减少）。这并不是一种好的防御，因为它没有保护你免于冲突；反之，却增加了你试图去回避的东西（冲突）。

练习 5-6　非防御方式的保护自我

让我们再想想前面提到的郊游的场景，这次把你的自我意识拿

掉。假装你心里知道，这跟你一点关系都没有。你会跟自己说什么？看看你能不能组织出一个简单的答案，仅仅用于解决孩子还没有报名郊游这个问题。换句话说，提出一个行动方案，试着不要被那些指责和不堪的问题分心，你也不用去证明或反驳什么。想象一下，共同养育者怎么想压根就不重要，你的孩子是否能报名参加郊游反而是重要的。你的孩子会因为共同养育者做了这件事在某些方面获益吗？或者，你的孩子仅从快速正确的操作中就能获益？如果你不直接参与，只想确保孩子能报名参加活动，你会怎么说？请注意你这里所说的和之前所用的批评、回避和关联式的回答有何不同。

采取世界一流的客户服务法

优秀的客户服务部门都很擅长避免防御性沟通。客户的挫败感、愤怒甚至是辱骂都不会让客户代表们陷入困境；相反，他们会把注意力放在承认这种感受，并且采取行动来解决问题上。以我们的经验，美国户外用品专卖店里昂比恩（L.L.Bean）的客户服务代表会说："我们很抱歉，您对我们的产品不是百分百满意，就请退回来吧。"如果星巴克搞错了订单，收银员会道歉，然后给你一杯新咖啡。然而，有些公司会指责客户（比如会告诉你，他们是按照你所说的方式做的咖啡，告诉你他们的政策是什么样的，拒绝解决你的问题）。站在接收者这一端，你觉得哪种方式更有效？

卓越的客户服务就是要让客户"叫绝"。你想要他们说"哇喔"。想象一下，如果共同养育者正希望你考虑一下或者让步。或许他认定你会拒绝，让他难受，或者向他要回报。如果你只说一句"当然，没问题"，会让他惊掉大牙。不论他是否会说出口，他可能都会说一句"哇喔"。这些惊叹并不涉及对"客户"的喜欢或者尊重。他们只是在试图建立良好的意愿，避免不必要的冲突，以及节省处理这些冲突所要耗费的时间和精力（有时共同养育者会为了一个15分钟的日程变动争吵好几天）。

想想你和共同养育者执行约定的过程。你是那种采用客户友好政策的"店家"吗？还是那个让交易和生意变得困难的人？拥有世界级客户服务的企业也会让员工学会不去跟难缠的客户争执，他们不会立刻寻求保安的帮助，而是尽可能高效地解决难缠客户的需求，然后继续推进，而不是让这个客户影响其他用户，或者占用大量的员工时间。

当我们跟高冲突离婚的父母工作的时候，很少见识到他们彼此有高质量的"客户服务"意识。但还是可以想象一下，如果你为共同养育的沟通与应对质量设立了标准，并且从客户服务的角度做出反应，那会是什么样。顺便说一下，世界级公司的客户服务代表在电话的另一端可能并不像听起来的那么愉快，他可能有其他的问题需要处理，或者甚至从你的语气或者言辞中感受到了批评和抱怨，但他"并不着那个道"；相反，他会保持恰当的、积极的态度，专注于解决手头的问题。

练习5-7 提供优质的客户服务

在你的日记本上写下共同养育者近来的一个抱怨。然后，写下一份精心设计的世界级客户服务回应来解决这个问题。假设此时你就在做这份工作,解决完这个难搞的"客户"就可以下班回家了。还有,你和这位客户完全不认识,你只是来解决问题的。

把你刚写下来的回应与你对共同养育者真实的回应对比一下,看看有什么不同?即使你预测这两种回应都不会改变共同养育者的反应,哪种回应会让你感受更好?哪种回应又让你保持冷静和专注?

降低脆弱性的风险

"我不相信你""我为什么要示弱"诸如此类的想法是深陷冲突的父母常有的。然而在古代,部落的首领通常会不带武器去跟另一个部落首领谈判求和。他们会在见面的时候穿着敞开的长袍,以示自己没有武器,表明和平的意图。人们认为,握手也是由这个举动演化而来的。在高冲突的离婚中,我们通常会问自己:"为什么我要示弱,一再示弱?"只要你不愿意冒险示弱,你可能会进入攻击或者防御的模式中。如果你为了孩子,甘愿冒着情感上脆弱的风险,你或许可以集中精力改善你的工作关系。

在一对高冲突离婚的夫妻身上曾经出现过这样一个例子,律师在他们离婚后很长一段时间内都无法调解关于养育子女安排上的变化。在四到五次的调解会谈后,孩子的母亲在会谈开始前给孩子的父亲带了一小袋他最喜欢的零食,并说道:"我记得你喜欢吃这个,想着你可能想要吃点。"他淡淡回应:"谢谢。"然而,这是他们工作的一个转折点。"和平馈赠"和接受投喂发挥了影响,让他们能够解决养育计划的争执，并开始更好地合作了。这位母亲可能曾经会想："为什么要这么麻烦？他可以自己买零食啊。他可能不会感激我，也可能会拒绝。"而孩子的父亲也可能曾想过："她为什么想来操纵我？"然而，如果这个举动是有意为之，被认定为经过了深思熟虑的，那一切就不一样了。

第一步是真正理解"脆弱性"的概念。当你们作为父母，认为示弱就是自己很脆弱，那可能就会导致"脆弱性"概念的误用。你在面对共同养育者的暴怒或污言秽语中会怎样受伤？如果那位父亲拒绝共同养育者的零食，他真正想跟孩子的母亲表达什么？或者，这也透露出了孩子的父亲一些想法？如果这位母亲能够保持理性的视角，她可能不会认为自己是脆弱的；相反，而是从中看到共同养育者可能很烦人、很难相处，但并不是什么真正的威胁。在冲突父母的养育关系中，真正脆弱的不是身为父母的你，而是你的孩子，因为他们才是受父母"战争"影响最大的人。

练习 5-8　降低脆弱性

在你的日记本上记下目前你最容易受到共同养育者伤害的地方。这是一个身体上还是心理上的软肋？如果是身体上的，你需要什么样的防护措施？如果是心理上的，你给了共同养育者什么权利让他可以凌驾于你的情绪健康之上？你能看到你是如何对共同养育者的言论或者行为赋予意义，使其成为具有某种有效决定你反应的风向标的？万一共同养育者的观点只是他自己的观点呢？他的观点是什么意思？他的观点对你意味着什么？我们认为，他的观点丝毫不能定义你，因此你不用觉得被威胁了或者受伤了，即使那真的很讨厌。

制定标准

决意减少冲突还会帮助父母在共同养育孩子的决定方面设定优秀的标准。但很不幸，当冲突成为常态，父母往往会在抚养孩子这项生活中最重要也最困难的工作上，降低到最低水准。想象一下，如果你们中的一方或双方设定了共同养育的优秀标准，不管共同养育者做什么，或许他会跟你说："我会尽可能成为最好的共同养育者，不论你是否帮忙。"他就设立了一个和平与恰当沟通的标准。而当这成为常态，你的孩子至少有一个双亲能达到更高的标准。你可以成为那个榜样。在某些情景下，共同养育者会开始"理解"，并改变他的行为，尤其是当他意识到他并不一定要去自我防御，因为他并没有受到攻击。同样，如果你不再卷入冲突，你也可以把你的精力更多地放在共同养育、照顾孩子上，而不是被恐惧、怨恨、愤怒和所有这些相关的压力所累。

练习 5-9 制定我的标准

把共同养育关系看成一项你们双方共同拥有的业务。不管共同养育者是否遵守，你都要列举出为了实现共同养育标准而出台的公司政策。例如，你和共同养育者沟通的政策是什么（不管他怎么做）？你怎么处理投诉？你如何终止交互？在回应之前你可以等待多久？你的行为（换句话说，对共同养育客户服务）规范和标准是什么？你可以再来回顾这个清单，尤其是当共同养育者变得难缠的时候，就像当你在工作中遇到棘手的问题，你会参考你公司的政策一样。

验伤：此时此地

当你跟共同养育者处于高度冲突循环当中，每种情景都感觉像是紧急情况。这就需要你培养一个重要的技能——进入验伤模式，即除非你因为某个孩子受伤了、突然生病或遭遇车祸被送进急诊室，否则你可以不做出反应，因为你面对的不是生死危机。当然，如果你正在处理这个危机，你必须及时、谨慎地采取行动。即使是紧急救援人员也不会一下子冲进事故现场，他们会有意识地小心进入，同时处处留意。大多数情况下，在行动之前来一次深呼吸，停顿一下，调整你的内心体验以及观察外部环境的细节是很有帮助的。你想要掌控全场，你就要考虑做怎样的选择，并考虑任何具体行动的利弊，才能做出深思熟虑的决定。

一种指引你思考的方法是扪心自问。如果用0~10分来评分，10分表示有生命危险的紧急情况，这个问题有多严重？你是否把一个小问题在你心里升级为大问题？这在很大程度上是由于你和共同养育者相处时的压力阈值过低、忍耐度下降造成的。

让我们来看一看以下这个场景。

> 彼得和他的四个孩子（年龄从4岁到15岁）一起度过了一个星期的假期。正当他召集孩子们准备离开自己的家前往他们的妈妈家时，彼得突然发现4岁的女儿玛丽亚的雪地靴找不到了，天气预报恰好预告第二天会有暴风雪。可是雪地靴就是找不到，他感到把孩子们送到他们妈妈那里很有压力。孩子们的东西在他家里是乱放的，他此前并没觉得这是个大问题，他知道共同养育者迪娜会把东西找不到当成大灾难。结果，他就没

给迪娜打电话告诉她玛丽亚的雪地靴找不到了,直接把孩子们送回她家,没带雪地靴。

从彼得的角度来看,他选择了这一应对方式,即对迪娜的反应采取逃避的方式,这恰恰表明他难以承受压力。结果可想而知,迪娜知道后极其烦躁,当场做出激烈的反应。孩子们也都笼罩在她的暴怒之下。他们(尤其是玛丽亚)可能会觉得自己需要为没能记住或者找到靴子负责任。

彼得把孩子们丢下后赶紧离开了迪娜家(逃跑)。果然,没多久迪娜就打电话冲他发火抱怨,他接电话时同样对迪娜也有一肚子火(攻击)。彼得预料到迪娜会很烦躁,所以才选择不提靴子找不到了的事。果然不出所料,这一"意外"导致迪娜在孩子们面前更加苦恼和愤怒了,不仅是针对彼得。彼得也想好了,如果被问起来,他就说,在真正危及生命的情况下,他宁愿为孩子挡子弹或者在公交车面前挺身而出,也不会让孩子们受到伤害。但这次,彼得却"撒腿就跑",就是为了躲开迪娜可能的反应,而这却扰乱了孩子们和爸爸一起度假结束回到妈妈身边的过程。

迪娜没有考虑到她的反应的重要性和影响。一个潜在危险程度可能只有 0.5~1 的情景,就会被升级为一场危机。这让每个人都很受伤。迪娜一直在拒绝接受生活中的现实。她没有认识到自己选择的是关注挫折和痛苦,而不是关注孩子们刚回到家的欣喜感受。她没有选择进入验伤模式,把丢靴子以及彼得没把这件事告诉自己的情况放在一边。她也没有认识到,做事缺乏条理性和时间管理上的欠缺是彼得老生常谈的问题,或许还有他的羞耻和尴尬,以及他总是不敢直面自己的指责而采取回避策略；相反，迪娜把这当成另外一种表象，认为彼得不是个称职的爸爸，是个毁了她和孩子们分离一周后团聚生活的可恶男人。

是彼得带孩子们一周就把他们回到妈妈身边的生活搞得一团糟吗？是迪娜的错吗？或者，你也可以说他们在这里都没起好作用？此外，他们关注的是谁？只是对方而已，他们并没有关注孩子们的感受。根本就没考虑："我们怎么让这个转场过程（孩子们和爸爸度假结束回到妈妈身边）尽可能让孩子们感到轻松愉快？"

其实，彼得完全可以在去迪娜家之前给她发个道歉短信。他还可以告诉她，他稍后还会再去找靴子，如果实在找不到了，他会为玛丽亚再买一双带过去。迪娜可以回应说："我理解，没问题。"她也可以说，她还有另外一双靴子能给玛丽亚穿，彼得可以下次等靴子找到了再带过来。那个时候，迪娜本可以望着窗外，急切地等待孩子们的归来（有靴子或者没靴子），用爱和喜悦去迎接他们。

如果迪娜练习过对痛苦的耐受力（见下文），她可能会觉察到自己内在的挫折和痛苦的反应。然后做个深呼吸，调整痛苦的水平，并重新聚焦在最重要的问题上——孩子们回来了，他们所有人在一周之后都跟她重新联结在了一起。当意识到这些事情会把她甩进她的猴子脑自我时，她可能会拿出自己的痛苦耐受急救箱，选择一种或者多种工具来平复自己，让自己的理性大脑开始去解决问题。接下来，我们一起来看看这些痛苦耐受工具箱的基本组件吧。

痛苦耐受急救

只要你愿意，你可以把更多的组件放进急救箱，但我们认为你至少需要放进以下五件东西或者策略，来处理你对压力的即时反应。请注意，下面的各项都跟改变共同养育者无关，它们是在设法解决你的关注点、身体和思想上的问题。

关注你的呼吸

我们在第3章中已讨论过，关注呼吸是跨越了几个世纪和许多文化来帮助我们平息心神、平静身体的方法。你的呼吸始终与你同在。当感到有压力时，你可以简单地专注于放缓和加深你的呼吸。即使睁着眼睛，你也可以专注于你的呼吸，在对共同养育者或者孩子做出反应之前，集中你的注意力，让你的神经系统安静下来。

做一些有氧运动

提高心率可以大大帮助你抵消压力反应。锻炼能提高内啡肽（一种能让你感觉良好的化学物质），帮助你应对压力。它可以把你从压力反应中抽离出来，到达平和的境地，然后帮助你有效应对压力。

冷水降火

当你和共同养育者争吵时，你会面红耳赤吗？你会火冒三丈吗？这些都是生气和烦躁的自然反应。这些身体上的感觉需要一段时间才能自行消退。你可以用冷水来加速消退过程。用冰水洗把脸，可以帮助你冷静下来，重新调整你的方向，远离烦躁、愤怒、紧张，恢复正常的平静状态。

平静地陈述

在第3章，我们讨论了自我陈述的应用。当然，这些应该放在你的痛苦耐受急救工具箱里。你可以把关键陈述写在卡片上，需要的时候拿出来读一读。虽然这看起来可能有点做作，但这些陈述可以在你被激怒的时候像口头禅一样发挥作用。例如，写下诸如"共同养育者对我的看法可不是我""我就是我，我就是这样一个父母，不管他对我有什么感觉"，这会帮你想起来那些你所知道的真相。你也可以把这些用作简单的镇定提醒，伴随着呼吸，在呼气与吸气之间，慢慢重复这些话，让自己冷静放松下来。

专注于务实的解决方案

你是不是纠结于"共同养育者为什么要那么说、那么做"？专注于务实的解决方案可以把你从这种无休止的车轱辘思考中解脱出来。务实的解决方案可以让你对手头的事情有个清晰的认识，就像飞行员的关注点在于，紧急情况下飞机如何安全着陆（而不是做什么可以避免危机）。当你身处压力情景时，你也可以专注于那些需要做的事情（以非常务实的方式），来解决与孩子有关的问题。

有些人发现，把痛苦耐受急救箱放在手边会很有帮助。就像放一个标准的急救箱在后备厢或者背包里一样。在急救箱里，你可以在卡片上列出对你有效的方式，放在你的钱包或者手机壳里。当你感受到压力时，你可以拿出它，使用你认为对你最有帮助的方式，让你的心灵和身体平静下来。一旦你平心静气，不让战斗、逃跑或者僵住的化学物质在你的身体里涌动，你就开始尝试解决问题，权衡需要做点什么，并考虑孩子们的最大利益了。

恢复

唯一能拯救你的人就是你自己，当你接受了这个想法，你就解脱了。你不能改变共同养育者。当你专注于你的自我疗愈与恢复，你就可以从自我认定的受害者转变为自我的英雄（在第4章中讨论过的）。自我恢复包括休息、放松、营养和锻炼等方式对自己进行身体上的照料。另外，意识到生活中的哪些人才是真正的朋友和支持者，哪些人只会给你带来戏剧化和消极事物，也会助益良多。关注那些能够滋养和提升你幸福感的关系，并放弃那些不能支持、没有营养、常让你"抓狂"的关系，则会给你的世界带来一丝平静。

你的恢复之旅也应当包含对未来的计划。如果你有工作，权衡工作是否能给予你目标感和价值感，这很重要。你还可以评估工作能否给你带来足够的收入，使你的基本的经济安全感得以保障。为了实现你的未来目标，你还需要什么？

最后，你的恢复之旅还包括完成对你的"婚姻死亡"的五个哀悼过程，并走向你的未来。你可能希望找到一个治疗师，参加一个支持团体，或者和一群亲密的朋友联系，以获得最充分的疗愈。当你发现自己又回到了过去，或者所希望的事情没有达成，或者对共同养育者感到愤怒（无论现实中还是在心里），你都需要控制好自己，按下重启键，想一想你为恢复设置的每日自我滋养小目标。问问自己："对我来说，健康、真实的生活是由什么组成的？"

彻底接受

这里的一个关键概念是"学会练习彻底的接受",指的是愿意去接受我们自己和生活本来的样子。这种接受可以帮你摆脱想改变却无法改变的事物带来的挫败感(比如共同养育者的态度和人格),避免进行无望的争斗。这就像是在遭遇倾盆大雨时被困住的焦虑,跟集中精力到达目的地(即使你也是浑身湿透)两者之间的区别。彻底接受不仅让你不再把宝贵的精力花费在无法改变的事情上,还可以让你三思而后行,避免在原有问题上引发新的问题,叠加新的麻烦,就像在倾盆大雨中惊慌失措地奔跑,一下子滑倒在泥泞里一样。

运用你的急救箱

现在,让我们把以上这些全都放在一起。在运动和表演艺术中,它们被称为建立肌肉记忆,就像你一遍又一遍地想象和练习这些技术,直到它们成为你的第二天性一样。下面,我们可以帮助你锻炼你的情绪肌肉记忆,尤其是在处理那些你经常遇到的情况。

练习 5-10 建立肌肉记忆

列举出一些有压力、有冲突的情景,这些情景是在和共同养育者互动中反复发生的。也许它们跟转场、改变日程或者养育规定有关。接下来,看看你自己的反应,而不是分析你共同养育者的行为。回顾本章内容,看看我们讨论过的不同的技术和方法。接着把可能帮助你做出不同回应或者反应的方法列出来。不要去想怎么才能让这个问题有个好的结局。而要去想，你需要去做什么来应对共同养育者做出的预料之中的行为，而不让自己陷入困境或者卷入冲突。你需要做出反应的是什么？你需要放弃什么？你希望怎样发出自己的声音？为保持冷静，你需要什么样的自我陈述？如果你被激怒了，你需要做什么让你的情绪得以平复？针对每种情况，制订一个具体的计划。然后，想象你自己正在按计划执行。一遍又一遍地反复想象，想象自己更有控制感，更能集中精力，不管共同养育者做何反应。接下来，当这些情景出现时，把这个计划用起来。不要期待很完美，只要你开始越来越多地依赖那些能帮助你控制自己反应的事物就可以了。

总结

在这一章中，我们关注的是自我在冲突中的角色，以及让自我得到安抚可选择的方法。也就是说，形成一个更为健康的看待自我的方式。在日常生活中和共同养育者运用这个技巧，可以让你不去把对方的言行个人化。理解冲突的三个循环（恶性循环、消极亲密以及关联）有助于你认识到，你的情绪是如何被激发，并采取各种办法来避免冲突的产生。在感到有挑战的情况下，融入验伤模式，能帮你正确看待事物，准备好你自己的痛苦耐受急救箱，让你可以为冲突的出现做足准备。当你将本章和前几章的概念应用到你和共同养育者的相处中，你就能够着手去减少冲突，削弱冲突对你和孩子们的影响。

带回家，用起来

要想活学活用本章的知识点，请试试下面的建议。

* 和共同养育者打交道的时候，保持你的自我。他对你的想法和感受并不能定义你或你的价值。
* 控制你的情绪反应或卷入冲突的倾向。一旦你陷入其中，你就会失去中心意识。
* 不要进行防御性的沟通。
* 活在当下，专注于解决手头的实际问题，而不是争论逻辑、原则以及共同养育者对过往的看法。
* 制作并运用自己的痛苦耐受急救箱。
* 练习完全的接受，即接受你自己和你的生活本来的样子。

第 6 章

在共同养育中创建安全感

在本章中，我们将讨论在共同养育关系中为孩子们创建安全的情感依恋的重要性，以及共同养育者建立彼此之间安全依恋的重要性。我们会研究不同沟通模式产生的影响，以及这些模式是如何伤害或者帮助你的孩子的。我们会向你展示，如何定义你的角色，并使你与共同养育者的情感敌对关系更像是一种商业合作关系（指的是关于养育孩子的业务）。最重要的是，即使共同养育者没有动机这样做，我们也要把阻止这些重复模式的方法找出来。

建立安全依恋

提到依恋，我们常常会想到新生儿与父母建立联系的过程，这对他们的发展、其他关系的形成，以及和身边的人联结的能力产生着重要影响。

依恋曾经被认为是习得的行为，而现在被广泛理解为 DNA 当中为了确保生存而固定下来的行为。作为父母，你最先接到的任务之一就是培养婴儿的安全依恋。新生儿的哭闹、微笑和爬行等行为被认为是在确保他们的父母在身边，并照顾他们。英国精神病学家、心理学家约翰·鲍尔比（John Bowlby）描述了依恋的进化理论，认为当婴儿与他们主要的依恋对象（通常是父母）分离时，就会产生不安全感和恐惧感。婴儿可以依恋多个人，而社会互动和回应性对发展安全依恋来说是必要条件。作为父母，你需要通过有效地回应孩子的需求来建立安全的依恋基础，不管他们年龄有多大。在离婚后，父母关注孩子对安全依恋的需求会变得更加重要。满足这些需求应该是你思考和计划的首要任务。

依恋理论在成人亲密关系中的应用

加拿大临床心理学教授苏珊·约翰逊（Susan Johnson）和安·西姆斯（Ann Sims）阐述了依恋是如何在成人关系中呈现出来的。他们讨论了不同类型的依恋，可以是健康的、有爱的，也可以是不正常的。他们描述的两种模式在父母冲突中似乎特别相关。一是在焦虑型依恋中，你和伴侣之间的联结可能会在极度积极和敌对之间切换。你可能会要求和批评你的伴侣，你也可能会使用情感勒索，通过敌对和依赖的方式来吸引你的伴侣。二是在回避型依恋中，你可能感受不到对情感亲密的需要，可能会忽视或不理会伴侣的感受。你甚至会回避亲密关系，说你不需要亲密关系或者亲密关系只会伤人。简言之，我们会探讨这些模式在离婚后的冲突中可能扮演的角色。

苏·约翰逊等人也开始意识到依恋理论在成人亲密关系中的重要性。你的生存是建立在与值得信任的伙伴的关联基础之上的，而且这根植于你的成年大脑中,产生令人信服的驱动力,这种想法正受到越来越多的关注。成人依恋的联结被定义为情感上的可及性、回应性和参与性。当依恋是安全的,它就可以帮助你以一种健康的方式发展,并保持一种自我意识,使你更容易与他人在情感上联结。当你和某人产生强烈的爱的联结,你就能在安全基地上行动,并承担更多的风险,因为你知道你有一个安全的避风港供你返航。当你知道你的伴侣会一直是你的强大后盾,你就能更独立地探索世界,并对内在的自己感到好奇,以开放和好奇的心态接近你的内在和外在世界时都会感到更安全。

相反,如果你和伴侣失去这种联结,你的体验可能是情感上的孤独、痛苦、无助和恐慌。当你的依恋是不安全型时,你的情感成长就会被抑制,你可能会以焦虑、惴惴不安或不屑一顾以及回避的态度与他人相处。当你处于焦虑型依恋时,你的神经系统处于高度戒备状态,会去寻找被拒绝和被抛弃的线索,这时候你最容易出现战斗、逃跑或僵住的反应。如果你带着焦虑型依恋进到一段关系里面,你可能会发现你经常需要强烈的联系来获得安慰。有时,这意味着你会轻率地扎进一段关系中,在一开始就制造大量的紧张感,随着关系的成熟,这种紧张感不可避免会下降。你可能还会发现,当你的伴侣试图安慰你时,你很难放心地相信这种安慰。或者,当你带着回避和害怕依恋的个人经历进入一段关系时,你可能会在这段关系中经历回避型依恋。你可能期待每次都会被拒绝,你可能会变得麻木、封闭、拒绝他人的支持。无论是焦虑型依恋还是回避型依恋,带着童年遗留下来的不安全依恋关系进入一段关系的成年人,在与某个人建立联结后很难有这个人是很特别的、不可替代的感受。

练习 6-1　我的依恋测评

这是一个让你回看自己的依恋史的机会。首先，请你想一想，你小时候和父母（或者其他重要的成年人）在一起的经历。当你伤心、受伤或者害怕时，谁安慰你？在你的日记本上写下来。你的父母是值得信任的依恋对象吗？你和父亲的关系跟你和母亲的关系有何不同？你会向谁求助？他/她让你感觉如何？在你的童年时代，还有其他值得信赖的依恋对象吗？有的话就聊聊他们。你认为自己是安全型依恋还是非安全型依恋？如果是后者，那你是更偏向于焦虑型还是回避型？把你早期的依恋经历是如何影响你成年后的人际关系、你的信任程度、你在关系中的趋向，以及你被伤害或者背叛的经历写下来。看看这可能会对你现在和共同养育者的关系产生怎样的影响，以及能在你过去的依恋问题和你与共同养育者的冲突之间找到什么联系？

成人依恋理论在高冲突父母中的应用

在婚姻结束后，共同养育者之间的关系常会让人感到不安全。然而与此同时，作为孩子的养育者，尽可能处理好养育工作的关系却是很重要的。作为父母，最有力的保护作用在这里就发挥出来了。我们认为，共同养育真正的工作是需要把作为父母的联结变成一种安全、有效的纽带，即使作为原先配偶的联结已经遭受了致命创伤。作为父母，你们每个人都知道，你们是这个非常小但至关重要的团队中——也就是你们所生的孩子的养育团队——的宝贵成员。

首先要认真审视一下你们这个养育团队的当前现状。当你知道你的孩子拥有双亲，他们是一个同盟，致力于共同打造一个安全的情感环境来养育孩子，使其健康成长时，你会感觉安全和稳妥吗？如果你和共同养育者的关系是高度冲突的，那这个问题的答案很可能是否定的。首先看看你自己，想想你在做的事情是促进还是干扰身为父母的你们之间的关系，这可能是有所助益的。你是否（如第 5 章讨论的）执着于公平、愤怒、过去、你的"真理"、正确、改变对方或者旧的防御式沟通模式？这些会妨碍孩子在共同养育关系中建立安全依恋关系，而安全的依恋关系将会为孩子的幸福提供支持。

如果你发现自己在这些问题上的回答是肯定的，那么你自己在这方面开始做点工作就显得尤为重要了。你和共同养育者是否为你们的孩子建立了安全的父母关系？你们在婚姻存续期间你能做到安全依恋吗？共同养育者能吗？你们现在在情感上完成离婚了吗？什么样的童年心理创伤缠住了你的脚步？你需要做什么来治愈它们？

这些问题都不简单。这要求你诚实地审视你自己和共同养育者。这里要当心，我们并不希望你把视角切换到指责、内疚或者消极的自我评判；相反，当前的挑战，很有可能是你和共同养育者通过你们各自的童年和成年早期经历自然而然产生的。

停止功能失调模式

回顾沟通中的那些阻碍，为建立新的路径以摆脱你们之间发生的不良互动模式提供了独特的机会。这些重复的行为模式可能来自我们在第 5 章中提到的循环（恶性循环、消极亲密、联结）。它们可能也来自重复的行为或者行为习惯，以及那些让你们关系中的一方或者双方都不安全的沟通方式。从这个功能失调模式的路线图中,你可以找到描述它们的语言,并帮助你在这个过程中尽早地识别和切换到更健康的模式。

练习 6-2　分析我和共同养育者的相处模式

请你在日记本上描述一个你和共同养育者经常陷入的冲突模式有哪些反复发生的特征。你做了什么?对方又做了什么?事情是怎么产生问题的?在互动中你或者你们是如何感受到不安全的?现在,试着解决一个难题:作为父母,你们有哪些不同的做法可以避免这个问题或者快速化解?写出尽可能多的选项,尤其是在对方不愿改变的情况下,你能做什么。你可以尝试使用这些选项,就像做菜时你可以选用不同的调料一样。

校准模式

这些重复的行为是可以预测的。当这些事发生时,通过学着识别和用语言给它们命名,你就能开始获得一些控制它们的能力。作为永远和孩子有联结的父母,如果你们能彼此建立一种安全而牢固的关系,你们也就能开始着手去处理彼此产生负面情绪的那些时刻。

重要的是,要认识到共同养育者需要确认其在孩子生活中的重要性,他是你养育孩子过程中最重要的育儿伙伴(即使你再婚,给孩子找了一个非常棒的继父或继母)。这是一个非常重要的理念。如果共同养育者的重要性被严重低估，尤其是被对方这样对待，大多数的共同养育者很容易被激怒。根据我们的经验，大多数的共同养育者不会公开、真诚地承认共同养育者的重要性。想象一下，如果情况相反，父母中的一方或者双方都能理解，他们在孩子生活中扮演的角色真正被另一方所重视。当父母双方都认为对方看到了自己的重要性时，通常更容易以合作的态度来确认和改变这种模式。

一旦你看到了你的模式，并且确认了它，你就可以专注于大局而不被细节左右。苏·约翰逊把亲密关系中夫妻之间的循环称为"恶魔对话"。当你无法以一种情感安全的方式与伴侣沟通时，就会发生这种情况。我们经常看到，这种模式会从新婚伊始一直延续到离婚后的共同养育关系中。这种持续的消极互动模式让你作为父母的情感安全大打折扣，并因此会影响到你的孩子。如果你们无法以父母的身份合作起来，也就很难为孩子提供保护空间，而这正是他们需要的。

苏·约翰逊介绍了存在于不安全依恋关系中的三种基本循环或者"舞蹈"。我们经常在离婚后的共同养育关系中看到这三种模式。她把第一种模式称之为"找出坏蛋"。在离婚后的共同养育关系中，我们把这种模式称为"羞辱和指责"。这是一种相互指责的模式，无论是作为父母还是作为个人，你们忙着盯住对方的缺点和不足，而无法聚焦于孩子的需求。减少指责式的沟通可以削弱这个模式的威力，让你仅仅专注在以孩子为中心的决定上。

苏·约翰逊把第二种模式（舞蹈）称为"抗议波尔卡"，在离婚后的共同养育中，我们称之为"噩梦来敲门"。在这种模式下，父母一方不断寻衅挑剔对方，而另一方则处于防御模式中，不理睬或者对手头的事情不予回应。再次强调，把注意力集中在以孩子为中心的问题上会有所帮助（而不要沉浸在批评或者防御中）。

第三种模式，苏·约翰逊称为"僵住和逃跑"，指的是当父母双方都从共同养育关系中退缩时的一种绝望感，在养育孩子的关系中只剩下麻木和隔离。在这一养育关系中，你可能会退回到所谓的平行养育，很少尝试去沟通或者合作。然而，即使你发现自己处于这种模式中，也不一定非要让它继续下去。如果你经常把关于孩子的信息告诉共同养育者，并反复让他参与做决定（即使你能够很容易自己做出这些决定），这就可以传递非常积极的信号。这里的重点是为了孩子进行合作，而不是维持两个人不合作的育儿体系的现状。

你的模式可能和苏·约翰逊描述的很相似，也可能有所不同。如果不一样，那也没关系。重要的一点是，要识别出那些重复的、无效的交流模式。接下来，我们看一个羞辱和指责的例子。

地狱一般的周末

查理和阿曼达解除婚约已经一年多了，为了两个孩子（8岁的迈克和12岁的艾米丽），他们也努力想做最好的父母。然而，他们想成为最好的自己的想法却时不时会被先前的伤害和愤怒阻断。

上周五，查理给阿曼达发了个消息，说他的女朋友雅姬周日会来参加迈克的曲棍球比赛，并表示希望所有的大人都能和其他父母站在一起观看比赛，为迈克加油。阿曼达同意了，带着这样的期待前去观看儿子的曲棍球比赛。到了赛场却发现查理和雅姬单独站在球场的另一侧，并没有跟所有欢呼的父母站在一起。阿曼达又惊又怒。对她来说，接受查理的女朋友出现在自己的生活圈以及儿子的比赛现场已经够难了，但她理解不了为什么查理之前的说辞和邀请会变成这个情形。

在我们搞清楚查理和雅姬为什么会站在一边看比赛之前，我们先来看看在周末早一点的时候，查理、阿曼达和雅姬之间发生了一次冲突，他们在现场选择了一个试图避免冲突的观赛位置。前一天发生的事情是一连串的小混乱，最后以一场剧烈的冲突收场，所有的大人在大喊大叫，孩子们则惊恐地旁观。

而这一切还要从查理帮阿曼达把艾米丽带去参加朋友的生日派对说起。阿曼达要求他在派对开始前一个小时来，给艾米丽留出时间去图书馆拿书。查理发信息说，不要提前一个小时，他还是提前15分钟来吧。最后，他只比派对开始的时间提前了5分钟，这导致艾米丽迟到了。阿曼达坚持要他们赶紧来，不然会迟到，但雅姬坚持要先把自己送到查理家再送艾米丽去派对。大人们陷入混乱之中，孩子们见证了这一切。

这次破裂之后并没有进行修补，就大人怎么在迈克周日的比赛中重新组合也没有做进一步的沟通。阿曼达以为，他们会按计划和大家站在一起，而查理和雅姬觉得这样太冒险。真可谓一个问题接着一个问题。最终的结果是，当迈克上场比赛时，他不得不转向一边看到妈妈，而爸爸和雅姬却站在另一边，并没有和所有其他的父母站在一起。这给迈克传递了什么信息呢？周六的事件发生后，父母缺乏沟通和修复，延续到周日迈克的曲棍球比赛，这等于告诉孩子们，父母有冲突，而且他们没法合作。

我们能从阿曼达和查理的冲突分析中学到什么？让我们来看看他们互动中的重复模式。当阿曼达要求查理帮忙，在她的育儿时间内承担养育任务时，她却想根据自己的时间，以管理后勤的方式来满足孩子需求，然后把他们送到需要前往的地点。查理也想要根据自己的时间来安排，他对于被阿曼达控制或者过细管控的感觉颇为不满。查理的时间观念不是很强，对迟到5分钟或者10分钟并不太在意。而阿曼达很焦虑，因为她明显感觉查理要迟到了。而这时雅姬把自己的需求也纳入了进来，她认为自己回家的需求比艾米丽准时参加派对的需求更重要，这让阿曼达更加恼火。她还将查理的迟到当成他作为父亲不称职的例证，认为他没有照顾好孩子，也没有优先考虑他们的需求（羞辱和指责他）。这又使得查理很生气，因为他认为自己是个好爸爸：在阿曼达的养育时间段施以援手，好让她照顾好另一个孩子。

周六在阿曼达家发生冲突后，查理和雅姬感觉很羞愧。他们单方面决定，为了避免冲突，周日要跟阿曼达保持距离，并且他们没有把这个决定告诉阿曼达（也是为了避免预料中的责难）。到了周日，阿曼达感觉被愚弄，因为她依旧按照跟查理的最后一次沟通以为要站在一起。从某种意义上说，父母双方都为发生过的事情感觉羞愧，会以一种不协调的方式尝试解决问题：查理通过站在一边，尝试避免重复的事再度发生；而阿曼达则按照最初的计划，试图表现得更"正常"。

查理和阿曼达陷入了一个危险的恶性循环，导致沟通的中断。阿曼达希望查理认可她是一个重要的共同养育者，这种模式不断重复。阿曼达又一次受到伤害，因为觉得查理的女朋友取代了自己的养育伙伴和母亲的角色，自己被查理忽视了。换句话说，阿曼达在作为共同养育者的角色上没有安全感，也没有被尊重。她还认为，查理没有把孩子们的需求置于雅姬的需求之上，让孩子们失望了。她的反应模式是，用严厉批评的态度予以回应，并大声抗议查理的想法。查理开始担心被阿曼达指着鼻子斥责他"做错了"。他选择了一条看上去冲突概率最小的路线——走开了。他可能在使用"不太确定时，什么也不要说、不要做"的策略，这通常会进一步损害共同养育者之间的沟通，造成更多的误解。

如果查理和阿曼达能在周六争论过后进行一场艰难的谈话，各自承认在这场冲突中也有责任，他们就能够修复破裂关系，一起更有意识地选择最佳方式来安排周日迈克的比赛活动。当然，他们的孩子同样会看到这一切。看见父母之间的裂痕是可以修复的，这对艾米丽和迈克来说也是一种极大的慰藉。如果父母双方都致力于理解这个循环，他们就可以为冲突打造一个更健康的应对空间，这样他们的冲突就不会影响到孩子。而且更重要的是，他们也能向孩子传达父母之间的矛盾是可以化解的这一信息。

虽然查理和阿曼达的模式是羞辱和指责，但正如你所知道的，父母之间还有许多其他的模式。认识和理解你自己的模式是向改变迈出的重要一步。

高冲突父母中熟悉的套路

以下是一些经常发生冲突的父母的抱怨。看看这些听上去是不是很耳熟：

- 你应该为你所做的事受到惩罚；
- 你不配跟孩子们在一起；
- 你没我有资格；
- 我永远都不会原谅你；
- 这是你的责任；
- 我要让你一直猜下去；
- 我会说一套做一套（也被称为挂羊头卖狗肉）；
- 我不会承诺的。

练习 6-3　总结我们的共同养育模式

看看你能否总结出主导你们的共同养育关系对孩子有威胁、伤害的模式，填写下面的陈述。然后，在你所有陈述的基础上，写一段话来总结你的共同养育关系。可能的话，和共同养育者进行分享。如果不能，那就把它作为一个途径，让你更加关注自己对这个循环的责任，并致力于学习新的反应选择。请记住，总结时要具体而详细（不要笼统或者抽象），不要进行变相的指责。

- 每当我试着去_____，你越批评我、指责我，我就会越感到受伤、愤怒，就越惹你生气，周而复始。
- 当_____的时候，我感觉和你的联结不安全（写下让你们断开联结的触发因素）。
- 我倾向于_____。我在我们的冲突中采用这种方式，尝试用它作为面对困难感受的处理方式，并找到改善之道（选择一个动词，比如抱怨、唠叨、走神、忽略、跑开、走开）。

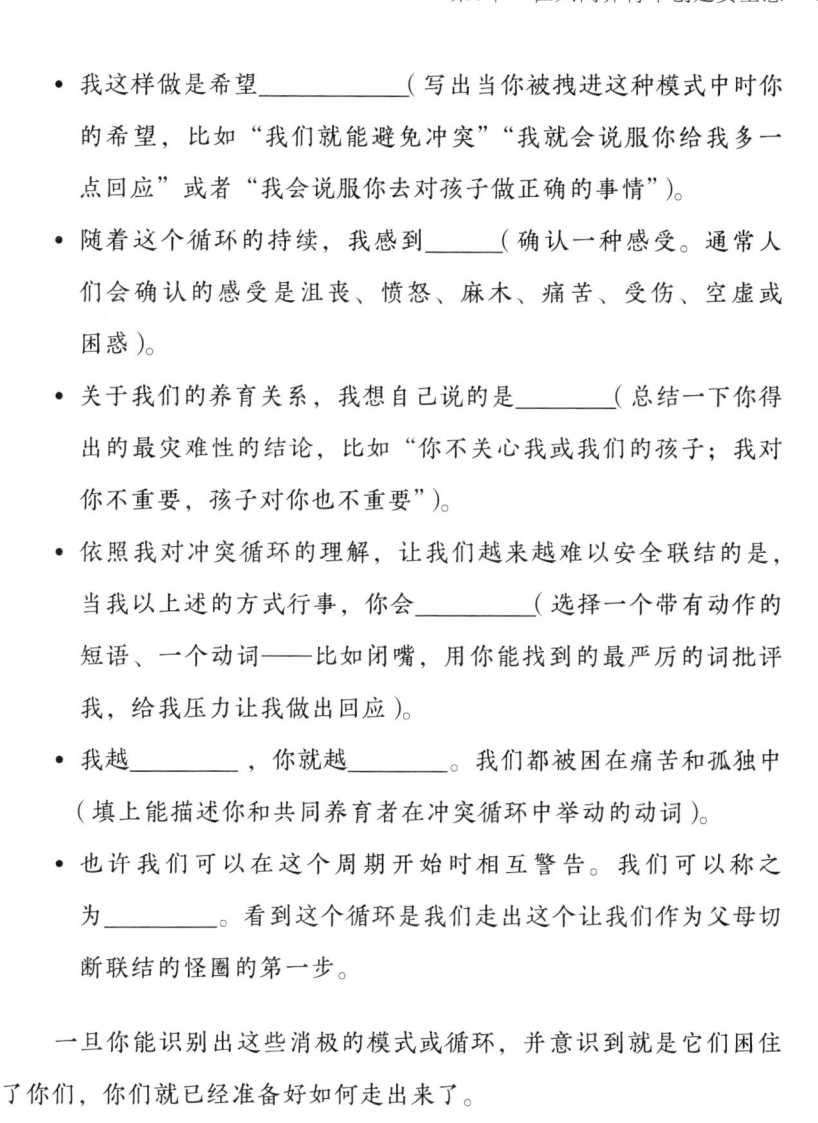

- 我这样做是希望_____（写出当你被拽进这种模式中时你的希望，比如"我们就能避免冲突""我就会说服你给我多一点回应"或者"我会说服你去对孩子做正确的事情"）。
- 随着这个循环的持续，我感到_____（确认一种感受。通常人们会确认的感受是沮丧、愤怒、麻木、痛苦、受伤、空虚或困惑）。
- 关于我们的养育关系，我想自己说的是_____（总结一下你得出的最灾难性的结论，比如"你不关心我或我们的孩子；我对你不重要，孩子对你也不重要"）。
- 依照我对冲突循环的理解，让我们越来越难以安全联结的是，当我以上述的方式行事，你会_____（选择一个带有动作的短语、一个动词——比如闭嘴，用你能找到的最严厉的词批评我，给我压力让我做出回应）。
- 我越_____，你就越_____。我们都被困在痛苦和孤独中（填上能描述你和共同养育者在冲突循环中举动的动词）。
- 也许我们可以在这个周期开始时相互警告。我们可以称之为_____。看到这个循环是我们走出这个让我们作为父母切断联结的怪圈的第一步。

一旦你能识别出这些消极的模式或循环，并意识到就是它们困住了你们，你们就已经准备好如何走出来了。

停止模式

一旦你在共同养育关系中发现了不正常的模式,你就可以用以下五个步骤来消除它。

1. 识别模式。当你发现与共同养育者的关系开始出现裂痕时,后退一步,对他如实相告:"我们又在做同样的事了。我们能换个角度谈谈吗?"如果共同养育者不配合,你仍然可以对自己说:"我们陷入了冲突,我们都很受伤,并且伤害了孩子。我需要改变那些无效的做法,尝试用不同的方式回应。我需要急救箱。"

2. 告诉自己"又来了"。我做了什么让自己还困在这个模式中?我是怎么把共同养育者也困住的?如果你攻击对方,你就是在把他置于防御的状态,给他创造机会进行辩驳,让他很难对你保持开放和做出回应。如果你采取退缩和保持距离的方式,你就是在把共同养育者拽上追赶你和急切地寻求沟通与联结的轨道(你可以把该模式称为"推我－拉你")。

3. 认识到这里的潜在问题是,你们双方都建立了一种不稳定和不安全的养育关系。我们发现,要解决手边的问题,最现实的方法就是把简单的沟通和问题解决技巧结合起来。你们不必就过去的事达成一致,如谁是罪魁祸首、谁才是对的,或者谁对眼前的问题有更准确的理解。与此同时,再次明确对方的价值和重要性,并重新做出合作的承诺,这有助于稳定关系。

4. 将不健康的回应模式(不是共同养育者)当作你稳定的共同养育关系和孩子安全的情感世界的敌人。

5. 努力学会给你的模式命名。你可以用一个名字作为对你(也可能是共同养育者）有意义的缩写。然后，放慢对话的速度，创造足够的安全感，来真诚地讨论更有礼貌的行为，这有助于建立新的沟通和决策模式。

如你所见，所有这些步骤都涉及你自己对不健康互动的投入。大多数人会花更多的精力和别人说起共同养育者的反应和不合理性。但当你唯一能控制的人是你自己时，这几乎不会带来什么积极的变化。

练习 6-4　看看我自己的贡献

想想你与共同养育者之间的一次冲突，是如何让你们陷入了同样的冲突模式。写下你为了打赢战争或自证清白的解释。你有没有指责对方把事情搞得一团糟？当你感到被逼无奈时，你通常的反击手段是什么？你说了什么、做了什么（或者没说什么、没做什么）来激怒对方？然后，充满敌意的批评和贴标签的模式就呼之欲出了，这会让你们陷入困境，并伤害你们的孩子。你们是如何开始定义对方的？你们是怎么伤害和激怒对方的？现在，试着重新写一写，这次只关注你的行为。如果可以重新来过，你会有什么不同的选择？不论它是否能改变现实的结果，如果你的反应不同，你的感觉会有什么不同？把这些也列在你的急救箱里。这些是你下次和共同养育者一起处理棘手问题时可以尝试的办法。反复尝试这些方法以及其他备选项。留意当你这样做时的感觉，你是感到受伤害、愤怒，还是更有中心感和控制力？

如果共同养育者不是一个阻止冲突的搭档

如果你已开始认识到了你与共同养育者之间反复出现崩溃的原因，而他又没有兴趣和你深聊这些问题，这会让你们陷入无休止的冲突中吗？如果你愿意探索自己的角色，并采取认真的措施来改变自己的反应，就不会出现这一情况。父母一方可以着手改变冲突的平均水平。你可以成为那个准备好做出改变的一方。你可以走大路，成为最好的共同养育伙伴，即使对方没有这样做。这样的话，孩子至少有一个家长可以有效地沟通。如果你是这样的家长，一段时间之后，共同养育者可能也会开始慢慢改善他的行为，甚至都不知道为什么，或者压根没发现有什么不同。他甚至会把改变的功劳都归于他自己，这也没关系。就像你不需要被指责一样，你也不需要为发生的积极变化而受到表扬。

重新定义你的角色

你们中的任何一方都可以把从敌对的前任身份切换到共同养育工作上来，并将之作为你们的优先事项。你不一定要像对方一样缺乏判断、不会做选择或者不会为人父母。当事关你的孩子，你总是可以努力走上正确的那条路。

使用商业模式

如果你开始把你自己和共同养育者看作在运营一种商业模式（正如我们在第 5 章中讨论的），彼此把对方当作你们孩子生活的联合首席执行官和董事会成员，你们就可以减少消极模式的恶化和复发的机会。联合首席执行官和董事会董事的意见并不总是一致的；相反，他们是根据流程来做决定的（即使投票结果是51%：49%）。作为共同养育者，你没有机会让其他人来做决定。这意味着有时你必须迁就对方，折中一下，或者想出一个能尊重双方不同观点的解决方案，既解决对方的问题，也解决你自己的。当你尝试让你的搭档关系维持功能、商业繁荣，你需要：

- 专注于待解决的问题以及可以采用的措施；
- 保持明确的仅限于处理手头问题的沟通；
- 对你们达成的协议给予充分尊重，并定期跟进。

同样地，关键是不要与你最重要的商业伙伴——共同养育者陷入毫无意义的冲突。

虽然我们经常把共同养育关系称为"商业关系"，但你的孩子比商业更重要。他们是你创造的宝贵人才，并且你在他们身上投入巨资，你当然希望他们茁壮成长了。商业伙伴之间不一定彼此喜欢，企业也并不总是信任他们的顾客；反之亦然。然而，只有提供卓越的客户服务（如第5章所述），兑现你的承诺，生意才能做得好。这如何应用到共同养育关系中呢？

想象一下，如果你能计算出你每周花多少时间和共同养育者在琐事上纠缠，如果你在其中的许多事情上都迁就对方会怎样？从长远来看，这对你孩子的幸福有多大影响？如果避免了争执，你们双方会得到什么？当你寻求和解的时候，会发生什么？你是否立即遭到反抗？你是否给出公平的交换条件（如当你想调换日子时），却没有立即被接受？有时，这些提议实际上并不"平等"或"公平"，因为它们可能会给你的搭档带来不便,或打乱他的计划。我们已经看到,父母们在安排协调的时候,实际上给出了比平等交换更多的东西。例如,如果父母想在12月的假期多陪孩子几天,那么他们可以在夏天多给另一方一周的假期。她听到的是"真的吗?那太好了",而不是"不"。换句话说,如果这是一家零售企业,它会通过打折、支付运费和必要时的退货让客户有"意外惊喜"。

练习6-5 让共同养育者有惊喜

写下一些让共同养育者"叫好"的方法。也许你可以列一个清单,上面列出你能提供让对方感激你的事项。每当你想起来什么就把它加到清单上。然后,在需要的时候,在你要求和解的时候,先看看清单。接下来,再列出一些在对方寻求和解时让他对你赞叹的方法。假设共同养育者问你:"我能半个小时后把孩子送回来吗?"如果你回答:"半个小时?你需要更多的时间吗?如果是这样的话,你可以告诉我你需要多久。"共同养育者可能就会不由自主地"哇"一次。而当他有了这样的经历,就很难再跟你起冲突了。

请一个顾问

有时候,顾问可以为你的共同养育关系提供帮助,就像它在商业上的作用一样。顾问可以帮你专注于你的使命和愿景,并找出推动进展所需要的步骤。在涉及离婚后的养育问题上,有三种类型的顾问。一是共同养育咨询师。他的工作重点是帮助你们像家长一样沟通、做计划、做决定，减少你们之间的冲突。二是养育协调人。他可以帮助你们在陷入僵局时做出决定，走出冲突。有时候，养育协调人有权向父母提出有约束力的建议，尤其是冲突影响了重要的决策时。三是心理治疗师。你自己的心理治疗师也可以成为一名重要的顾问。当你感到被激怒时，就可以花一些时间去跟心理治疗师讨论如何避免不佳的共同养育关系的影响。

关注共同养育者的优点

在离婚后的高冲突养育中，我们很容易迷失在攻击中（那些你承受的以及你发起的攻击），从而限制了作为父母建立安全依恋的能力。然而，除了在离婚期间和离婚后出现的所有缺陷之外，你们都有各自的长处。尽管你可能意识到自己的优点，但要表达你对共同养育者优点的欣赏可能会更加困难（经历过那些攻击之后）。

通常最有帮助的是你清楚地认识到对方的重要性和价值。你可以专注于对养育问题做出积极可靠的回应，来建立起一种感觉——你们之间是为了孩子好的伙伴关系。你也可以明确地认识到并强化共同养育者的优点。

练习 6-6　共同养育者的优点

花点时间想想你的孩子和他们的另一位父母待在一起的经历。共同养育者对孩子的幸福有什么贡献？列出他为了孩子所能体现出的所有优点。当你需要避免冲突，想要推动积极的对话时，这就是你的行为清单。在你试着跟共同养育者一起制订计划的时候，你也记着他的这些积极的品质，这样你就会用跟他的优点一致的方式做计划。把关注点放在共同养育者的优点上，能让你们之间的积极互动增加。

・・・・・・・・・・・・・・・・・・・・・・・・・・・・・・・・・・・・・・

使用结构和技术作为最优实践的工具

我们发现，使用合适的工具可以帮助父母保持专注，把控冲突，并且开始着手去打造能够支持孩子的父母团队。不过这些工具不一定需要非常复杂或者价格昂贵。一般来说，许多冲突都可以通过可靠和及时的信息沟通来避免。用一个你们都能轻松访问和编辑的在线文档，确保对方也能和你共享这些信息（无论是在线、纸质还是电子邮件），这对你们双方都有帮助。同样，保证你俩都在跟孩子相关的邮件列表中，以免任何一方感觉自己被边缘化（他也可能会做出相应的回应）。你们也可以找一个在线空间，分享共同的信息，比如运动日程、衣服尺码以及医生、导师和教练的联系方式等。

摆脱不健康的冲突模式，把注意力放在你自己的其他重要关系中，能够帮助你消除对共同养育者的不满，大大降低你自己责怪或者批评对方的倾向。你的焦虑型依恋或者回避型依恋的需求可能会很突出，我们在本章的前面部分已讨论过。当你为婚姻结束哀伤时，放下不健康的依恋关系对你有用，让你从配偶的动态中解脱出来，允许自己成为一个有爱的父母。

> **总结**
>
> 在本章中,我们讨论了依恋关系是如何在你与共同养育者的冲突中发挥作用的。了解冲突的不同模式,以及在你们的关系中常见的模式,将会帮助你们学习如何改变模式,让它们更健康,即使共同养育者并不愿意这么做。此外,从商业模式的角度来看待你们的共同养育关系,可以帮助你重新定义你们的关系、关注共同养育者的优点而非缺点。记住,即使只有你一个人这么做,你也能控制住冲突。

带回家,用起来

要想活学活用本章的知识点,请试试下面的建议。

* 记住,不健康的依恋关系来自你的成长背景,以及你早年从关系当中学到的东西。你可以努力改变你对这些经常导致敌意和冲突模式的反应和投入。
* 为功能不良的模式命名,这样它们就会很容易被发现;提前计划,并练习不同的反应方式,这样你就可以在和共同养育者互动的时候迅速把它们提取出来。
* 试着把注意力集中在养育孩子的决定上,而不是执着于谁对谁错。
* 重新把你们的角色定义为父母,而不是"前任"。
* 利用技术来交流基本信息,以免产生误解。

第 7 章

爱你的孩子胜过爱争吵

当你第一次怀抱你的小婴儿时，你是什么感觉？很多人会把它描述成一种纯净的爱，是他们从来没有过的一种感受。作为父母，你们就是孩子生命中最重要的两个人，鲜有例外。你们共享孩子的荣耀与欢乐，分享孩子的成功与挑战。你们能看到他们讨喜和可爱的时刻，也能看到他们最糟糕的瞬间。你们对孩子的了解是其他任何人都无法企及的，你们也会为他操碎了心，他就是你们的全部。

不论你和共同养育者之间有多少问题和差异，不论这些问题和差异有多深，你们都会因共同养育的子女而联结在一起，在你们往后的余生都会爱着他们。这是一种持续的独特的联结，即使你们之间的爱消失了（或者从一开始可能就没有），它仍然存在。不纠缠于你们之间的问题，而是投入到对孩子共同的爱中，你就能让孩子始终处于受关注的中心，从而避免数不清的争吵和冲突。在这一章，我们将会讨论如何专注于你对孩子的爱所建立的纽带。

以孩子为中心的共同养育

当作为父母的你们深陷于冲突中,你倾向于从对你自己有利的"正确"和合理的立场跟共同养育者互动。你会批评共同养育者,但共同养育者以同样的方式对你时,你又拒绝接受,你常常认为自己的立场更好、更公平、更有道理。

另一方面,你也可以把冲突放置一边,从专注孩子此刻的感受和幸福的立场来做决定。例如,如果你的孩子想要和共同养育者去看一场他们都感兴趣的新上映的电影,你就知道要怎么促成这件事,而不会陷入争吵。你们可以交换过夜的时间,或者调整时间表,这样你的孩子就可以去看电影了(不需要放弃其他重要的责任)。你可能只是说声"没问题",不用调整时间表(就像孩子是跟朋友的家人一起去看场电影似的)。这件事不是一个因上次有什么不公平,或者认为一方"亏欠"另一方所进行的交易,你只要促成它就好。

共同养育的要素

共同养育的概念,即父母双方共同努力帮助他们的孩子茁壮成长,只有在你们像一个团队一样合作起来的时候是最有效的。我们经常说:"你不一定非要喜欢、信任或者尊重对方,才能完成好做父母最重要的工作。"但是,能做到当然是有帮助的。即使你们在很多养育问题上的意见不一致,你们至少在一些核心的育儿价值观上有共同之处。就像两位老师,虽然有着各自不同的上课风格,但在关于授课技巧和帮助学生方面一定有一些共同的核心价值观。

这样的例子不在少数。在第 5 章中我们曾提到过，父母中只要有一方愿意就能设立共同养育的标准，即使另一方不愿意用更有效的方式予以配合也无妨。在谈到共同养育时，如果只有一位家长愿意践行提升合作养育的行为，一定会有人质疑："一个巴掌能拍出什么响声吗？"针对这一问题，不妨这样回答："这关乎一个孩子正在经历的生活，一种少一些冲突的生活。"虽然你们俩最好都能够专心地共同养育，但是如果只有一个人这样做，或者你们各做各的，那也比"因为对方不这么做，所以我也不这样做"要好。简言之，如果你拒绝被带到冲突里面，那共同养育者也很难进行冲突性的互动了。通过坚持下面所述的共同养育基本原则，你可以保持中心自我状态，确信你正在给孩子的生活创造一种少点冲突的体验。做到这一点并不容易，所以有必要牢记这些原则，当挑战来临时方可派上用场。

设定标准

你可以成为共同养育的最佳践行楷模。实现这一点的方法之一就是记住你要为自己的行为负责，而共同养育者要为他的行为负责。"我是被激怒才那样做的"这种想法暴露了你的自我意识。没有人可以强迫你用什么方式回应。你不需要向共同养育者证明什么，而且你也不可能只是通过在某个问题上用恼怒或者攻击的立场（或其他可能的方式）来说服共同养育者你才是对的；相反，你可以决定你的行为（即使在被惹恼的情况下）是处于最高水平的（见第 5 章）。换句话说，你不必上当，也不必卷入争吵或者报复对方的过错。你可以对那些跟孩子需求直接相关的请求进行回应，而不理会关乎你的失败、人格或者错误的方面。通过这样设定标准，你可以确保自己不会和共同养育者一样仅维持最低水平的沟通，以专心致志去做一个良性沟通的榜样。

关乎孩子而非彼此的交流

跟孩子相关的沟通是关于以下五个方面：

- 信息共享；
- 后勤计划；
- 在可能的情况下做决策，制定在两个住所都通用或者跟孩子生活相关的规定（比如预约医生、导师或者课外活动）；
- 交换关于孩子的意见；
- 讨论孩子们成长需要些什么。

这五个方面构成了我们所说的沟通技能的"阶梯"，因为它们中每一个都是建立在前一个的基础上的。分享信息是最简单的交流，而讨论孩子茁壮成长需要什么则是最困难的。请注意，这些方面不涉及你们谁做错了什么、过去发生了什么，或者你们谁的个性有什么缺陷。它们只包含努力去确保沟通本身的完整，而这是没有冲突的。

不要让孩子夹在中间

孩子们可能会发现，自己在很多方面都被夹在"中间"了。他们可以成为父母之间沟通的"信使"。或者，他们可能被直接或者间接地要求为其中一方保守秘密。他们也可能在被告知的行为规范或者品质要求之后来对另一方进行评判。他们还可能只是通过简单地询问想跟谁在一起，从而在父母之间做出选择。把孩子夹在中间，不仅会让他们觉得自己背叛了父母中的某一方，还可能会让他们觉得自己是需要来回交易的"对象"。最重要的是，让他们远离父母之间的控制权之争，允许孩子自由地爱你们每个人。

不要被选择困住

父母经常会在两种选择上争论不休，好像一种就是"对孩子最好的选择"，而另一种就一定有害似的。以我们的经验，争论的焦点通常会围绕两种可行的选项展开。即使在一个完整的家庭里，父母和孩子就某项决定达成共识（比如这个赛季孩子玩什么运动），也有不成功的情况。没人真正知道什么是最好的，他们只是自认为自己没错。当然，父母也很少做出对孩子有害的选择；相反，他们会在两个合理的选项上争来争去，都认为自己才是对的。

有时，同意尝试一种方案，然后再换另一个，或者仅仅迁就一下共同养育者的要求，会比为了一个小小的、一次性的改变，或者为了二选一争论几个小时或者几天要好。

承认孩子对共同养育者的爱

孩子对父母每一方的爱都不应加以限制。你可以通过以下的方式来加强这一原则，诸如：

- 允许孩子在你家里放共同养育者的照片；
- 孩子和你居住，你跟共同养育者讲话的时候应尊重对方；
- 孩子在场的时候，你和共同养育者互动时注意自己的肢体语言；
- 帮孩子给共同养育者买一份生日或者节日礼物；
- 通过文明、礼貌和尊重的沟通展示出你尊重孩子对另一位父母的爱。

这些都是在通过支持孩子对另一位父母感觉的确认，从而肯定你孩子的自我意识。

练习 7-1　我的共同养育要素

除了以上五个共同养育的基本要素外，你还可以找到更多让你们健康有效互动的核心要素。花几分钟时间，列出三个最重要的行为或者概念，在共同养育关系面临挑战的时候，可以借此帮助自己知道该做何反应。

专注于爱而非冲突

你很容易因遭到共同养育者的人身攻击而分心，或者忽视自己的感受。然而，这是一个圈套，让你以及共同养育者的注意力从照顾孩子的核心工作上挪开。想象一下，如果你不再关注那些冲突、忽视或者敌意，而是关注你们对孩子的共同的爱会怎么样？

让我们看看下面的场景：

> 根据养育安排，孩子们应该在那天晚上 7 点之前送回你身边。但是共同养育者想让孩子们在外面多待 30 分钟，于是他给你发了一条信息："我知道你会跟往常一样自私，不会允许的，但我今晚还是打算让孩子们晚 30 分钟回来。我不在乎你说什么。电影还有半小时才结束，在电影结束之前我们不会离

开的。"

"哇！你还真敢呀。"你说。这个短信只有三句话，却有太多的陷阱和干扰。首先，他一上来就以侮辱的口吻"你一直是一个自私的人……"开头，然后宣布（不是请求）孩子们会晚30分钟回家。接着是贬低和无视的话语——"我不在乎你说什么"。你的许多同龄人、家人甚至你的心理治疗师和律师可能都会说："你不能让他就这样无法无天。"你可能会回应："你没资格做这个决定。你以为你是谁？法院判决书明文规定你必须7点之前把孩子送到我这里，否则我就叫律师了！"你认为共同养育者的下一个反应会是什么？对方可能屈从吗？或者，孩子们有没有可能听说你不让他们看完电影，意味着不让他们跟爸爸或妈妈在一起？在冲突中孩子们是受到了保护还是被卷入其中了？

这里还有另一种选择。如果你只专注于爱而不是冲突，这尽管会很困难，但你可以忽略那些霸道和侮辱；相反，你可以回复说："我知道你太喜欢跟孩子们在一起了，这部电影对你和孩子们来说有多重要。没关系，我相信孩子们会喜欢的，你们开心就好！"这个回应可以保护孩子远离冲突，也可以让你不为这30分钟卷入可能绵延数日的争吵当中。尽管你希望这样的回应会对共同养育者的行为产生积极的影响，但也不排除，不管你如何回应，那些一开始会这样做的人还会继续这样做。你做出的回应不是为了改变共同养育者，而是为了避免那些毫无意义的、会给你的孩子带来消极影响的冲突。

练习 7-2　信息排毒

把你最近一封发给共同养育者的涉及孩子的充满敌意的邮件或者信息写下来。如果你此刻正在写这封信，你会如何给这个信息排毒？你从共同养育者那里得到了什么回应？他是否愤怒回应并也报以同样的反击？还是说他根本就没回应？然后，再来看看你最近收到的一封关于孩子的敌意信息。你是什么反应？是战斗还是逃跑？现在，做出一个只跟孩子以及共同养育者对他们的爱的回应。虽然这看起来有些做作，但如果你这样做了，会是什么结果？关于这个问题还会有那么多敌意吗？还是会迅速消解，得到解决？如果你不上钩，共同养育者也很难跟你吵起来。你对你发出的信息拥有绝对的控制权。你能关注自己的信息，尝试给你们之间的交流排毒吗？

提升人际效能

你可能会发现，一般来说，你跟别人相处会很容易。你可能跟朋友、商业伙伴、家人也会进行一些困难的对话，但你能有效地克服这些困难。然而，你在与共同养育者沟通时却不容易。你是不是发现自己会被卡住，甚至一件微不足道的小事都有可能成为你难以逾越的障碍。接下来，我们来学习与共同养育者相处的技巧与策略。

让我们来举个例子。

你和共同养育者都是充满爱心的父母。你们住在相隔20多千米的两个镇上。去年，你们10岁的女儿蒂娜参加了城镇足球联赛。今年的赛季即将开始，她说她不太确定今年是否比赛。理由是对方的球队里很多孩子都比她大，她经常在场上跑得上气不接下气。但就在刚才，共同养育者打电话告诉你，他已经在他的镇上给女儿报了名，因为蒂娜上一赛季在你所住的镇上踢过。你对对方单方面的决定感到担忧，担心这个决定和蒂娜的想法完全相反，甚至有可能引发孩子健康上的问题，因为她说过在比赛中有点喘不上气。你把你的想法告诉了对方，立即就被怼了回来："为什么这点小事你都要管？我跟蒂娜说过了，她说报名可以。就这么定了。"

你该怎么办？要避免陷入你熟悉的循环中是很困难的。但是，习惯了运用以下这些策略，可以帮助你做出不同的选择。它们可以帮助你解决问题，或者至少让你保持冷静。

关注你的孩子

这时候冲突一触即发。你几乎被对方当成了"控制狂"，被说成什么事都想管。然而，完全是共同养育者自己做的决定，之前并没有征求你的任何意见。最后，他还来了句"就这么定了"。如果你打算去揭穿他的虚伪，你们可能就会面临一场口水战，争论谁对谁做了什么、从什么时候开始的。

我们建议你换个思路，忽略共同养育者所说的前半部分。对"为什么这点小事你都要管"这个问题，你可能没办法回答，也没有让对方理解、同意或者获得解决方案的答案。实际上，我们认为这根本就不是一个问题，而是一个伪装成问题的扣帽子行径。换句话说，如果他用陈述句来表达，你可能会听到"你总是事无巨细地控制所有的事"这样的话。不管是真是假，这是他对你的评价，但这不能证明他说的就是真的。然而不幸的是，你不太可能说点什么来改变他的观点。这里面临的养育问题不是关于你的人格，或者具体点说，共同养育者对你人格的评价跟共同养育没关系，而是跟蒂娜这个赛季到底参不参加足球赛有关系。保持对蒂娜的关注，而不是关注共同养育者对你的评价，能够帮你避免冲突。

不要责怪或评判

被怼之后，你的反应很可能是："你都做了什么？你怎么可以这样？我们有共同的养育决策和共同的监护权。你不能一个人做决定。你知道你在做什么吗？"这种反应也是指责的一种，唯一的区别在于，现在这个指责已经调转方向了。现在它来自你，指向共同养育者。然而不管怎样，评判、责怪、挑剔都可能导致战斗、逃跑、僵住反应中的一种（见第3章）发生。它会让你们把注意力放在对方身上，而不是蒂娜身上。

当你受到指责时，很容易诉诸斥责和评判。然而，重要的是，不要做一开始就让你心烦意乱和没有帮助的事。稍后，我们将看看该怎么做才合适，首先我们来看看另一件需要避免的事。

避免带着情绪回应

保持冷静平和的心态。运用你在本书中学到的技巧来调整呼吸，让你的自我平静下来，控制你的想法和反应。你需要你的逻辑思维来掌舵。尽管共同养育者的那句话看起来是关于你的，但是关于女儿蒂娜的。这也不是紧急情况，除非女儿有非常严重的呼吸疾病会导致她出危险的状况,否则不管她踢不踢足球,她都不会有事儿。

暂停一下

因为情况并不很紧急,所以你不必立刻做出反应。如果你现在没有做好准备去处理它,或者如果你认为共同养育者的心情不大好,你没有必要在它一出现就立刻解决。你通常可以说:"我们换个时间谈谈吧。"而且不需要解释原因。提出原因通常会给争吵制造更多的可能。

理解共同养育者

很多时候,你可能并不能真正理解为什么某个问题对共同养育者来说这么重要。从上述这个例子我们很容易想到,共同养育者可能想要向你证明,不是你在控制局面,而是他。蒂娜去他的镇上踢足球,看上去就是他在控制。这是显而易见的。是这样吗?

虽然这可能是个原因,但也可能有其他因素让共同养育者做出这个决定。通常情况下,父母一般不会停下来考虑这些因素。大多数人不会用这种非评判的方式说话:"跟我说说,为什么她在你的镇上比赛如此重要?"你可能会听到的回答是"因为去年是你拿主意的",你也可能听到"因为如果在你的镇上,我就很难按时送她参加训练了。另外,我希望可以当个助教,但如果在你那边练球就做不到了,考虑到我下班的时间,以及你住的离我工作的地方又那么远"。你当然可以不相信这个说辞,但如果你选择去相信你听到的话呢?这说明他单方面做决定是出于不同的动机而非借口。

让我们来分析一下,后续该如何对话。

你：我知道你给蒂娜在你镇上报了足球比赛。

共同养育者：为什么这点小事你都要管？我跟蒂娜说过了，她说报名可以。就这么定了。

你：（没有上当，没有指责，也没有情绪化）我理解，我并没有抱怨（明确表示不是在发牢骚），但我想知道，为什么她在你那里比赛对你来说如此重要。

共同养育者：为什么重要？我来告诉你。上个赛季我几乎没有参加过她的训练。你知道我工作的地方离你住的地方有40分钟车程。而且她下午有训练，我是没法那么早下班的。我想去当助教，但如果她在你那里我就没法做到了。所以，我想我应该让她在我住的镇上报名，不要让蒂娜夹在中间，不用吵架就搞定。蒂娜报不报名对你来说为什么重要呢？

通过了解什么对共同养育者来说是重要的，你就有去支持的可能。如果有人对你说："只要是我理解的对你很重要的东西，我都会支持的。"你是不是很难去反驳他。但是在这个例子中，最后一个问句里还有更多的"诱饵"，"蒂娜报不报名对你来说为什么重要呢？"再次强调，你仍可以避免陷入冲突的可能，反而你可以聚焦在提供支持上。你可以说："哇，如果你可以当蒂娜的助教就太好了。我知道她肯定会喜欢的。"当然，你也可以提一下蒂娜说过跑起来会上气不接下气，这是你俩都应该注意的事情，以防她真的得病住院。

识别问题

在这个相对简单的例子中，除了说话的语气、谩骂以及蒂娜到底在哪里踢足球的问题之外，我们还识别出了以下这些问题：

- 共同养育者希望在不影响其工作日程的前提下成为蒂娜的助教；
- 尚不确定蒂娜是否真的想参加足球联赛；
- 如果蒂娜真的想参加，蒂娜的接送问题怎么解决；
- 蒂娜抱怨比赛时会上气不接下气；
- 这是围绕课外活动共同养育者单方面做出的决定。

可能还有其他的问题，但是为了这个例子，我们只关注这五个问题。一旦这些问题被界定出来，我们就能找到共同养育有效的沟通四种技巧。

聚焦当下和未来

很多父母会因为讨论上个赛季发生了什么、谁单方面做了什么决定，以及谁占领了道德高地这样的话题而分心。他们因此会生气并指责对方，这只会加剧冲突。如果蒂娜听到父母为足球赛争吵，很可能会心烦意乱。

相反的做法是，聚焦于当下和未来。关于这个决定还需要做些什么？看看与这个问题相关的五个问题，我们可以把它们都看成和现在或者未来有关。让我们试想一下，如果我们不理会父母过去说过或者做过的事，会发生什么？你对这件事的陈述是非常重要的，因为它会指引你做出选择（见下文）。

向专家求助

在寻找选择的时候，有时可能需要专家。在这个案例中，可能需要进行健康顾问，看看蒂娜在场上上气不接下气是正常的，还是某种健康问题的表征（比如哮喘）。当父母在一些专业问题上产生分歧，但双方又都不是这方面的专家时，专家的专业意见会有帮助。你们可能需要确定的是，这个专家是你们都同意去寻求建议的人。否则，如果其中一人否定了专家的意见，你们可能需要重新再寻求意见。

把争议交给规定

积极的日常共同养育至少会持续到孩子 18 岁，有时候甚至更久。很多情景会反复再现。重要的是要有一些适当的规定来应对挑战，以免它们成为反复出现的问题。虽然规定不一定能被遵守，但可以在帮助我们解决反复出现的问题时作为默认措施。当你提出一项规定，它应该是具体到情景的，这对你和共同养育者都适用。在这个例子中，就可以有这样一个规定：在每个赛季之前，你和共同养育者将讨论女儿的课外活动，并共同做出决定。

找到"和"而非"或者"的解决选项

找到对你们俩都合适的选项，问题就解决了。大部分争吵的结果不是赢就是输，选择是二元的。你要这样做，他要那样做，就会导致你们对控制权的争夺、拉锯或者陷入僵局，这些都会产生更多的冲突。

与其将讨论的框架限定在"或者"上面，我们认为用"和"来解决会更好。我们的意思是，把父母双方的观点和优先权都考虑在内。我们来看看上面与这个问题相关的五个问题，并逐一解决。我们不会让它们中的任何一个比其他问题更重要；相反，我们会解决所有问题来达到这个"和"。下面，我们只提供一个选项来解决所有问题。我们知道，在真实的生活中，这可能会更加复杂。然而，我们只是尝试着展示这种回应方式,看看它是如何帮我们建立更有效的沟通和问题解决方式,并且降低冲突的。当然,如果你也有类似的情况,那在就此问题向共同养育者做出回应的时候,你同样可以想出其他的选项。

1. 共同养育者希望成为女儿的助教而不影响他的工作日程。这是一件好事,你很容易支持它。
2. 如果你不确定蒂娜是否真的想参加足球联赛,这是需要确定的。蒂娜如果感觉父母在这个问题上有争执,她可能不会很自在地说出自己真实的感受。父母双方跟她在一起有个简单的会谈可能是有意义的。这么做的时候,你们都可以说:"如果你想去踢,我们都会支持你去踢;如果你不愿意,那就不去。无论如何,我们俩都会支持你的决定。"你们也可以让她开始形成共同的理解,如果她不太想去参加,你们就别勉强她。
3. 如果蒂娜真的想参加,就会涉及蒂娜的接送问题。在蒂娜必须回到你的住处而你又没法陪她训练的时候,这可能会成为一个问题。或许共同养育者会愿意在那几天带蒂娜回家,或者在足球赛季的时候调整周末的养育计划。
4. 蒂娜抱怨比赛时上气不接下气。这个需要健康方面的评估(向专家求助)。
5. 围绕课外活动的单方面决定。这种情况下,制定一个通用的规定(未来共同做决定)可能比较有意义,尤其是共同养育者认为你经常要获得控制权。注意我们说的是他"认为"的,不一定是事实。

把以上五个点整理到一起,我们就得到下面这段回应:

> 我觉得如果你能成为蒂娜的助教那真是太棒了（问题1）。如果我们能解决一些其他问题，她去你那边比赛我没意见。只是我不太确定蒂娜是不是真的想参加。我希望我们一起坐下来跟她谈谈，告诉她无论她想要做什么，我们都会支持，然后问问她的意见（问题2）。还有，我在考虑，当她应该来我这边的时候又遇上训练，我们是否有可能改变一下过夜的计划，或者如果我没法参与整个训练，你有没有可能送她回来（问题3）？

在这里停顿一下很有意义，看看他对刚讨论到的几个方面做何反应，再进入下两个问题：

> 不知道她跟你说了没，蒂娜跟我说她踢球时经常喘不过气来。当然在球场上跑来跑去这也很正常，但我在想我们（注意，是我们，不是我）也许应该跟她的儿科医生提一下这个事（问题4）。最后，在未来，我们要确保在每一个赛季之前都一起计划每一项活动。我同意这些问题应该由我们双方共同决定，而不是我们任何一方单独决定（问题5）。

这看上去可能有些乏味，这就是为什么在讨论之前要暂停一下。或者你提前想好你的发言要点会更好。

练习7-3　开发选项

现在，将同样的策略应用到你所处的情景中。找到你和共同养育者最近的一封邮件并打印出来，也可以在纸上或者日记本上写下近期频繁引起冲突的问题。划掉那些不必要的、挑剔或者评判的点。然后，把问题列举出来，并标上你和共同养育者各自的优先权。接下来，针对每个问题或者优先权找到解决的选择。最后，把所有这些放在一起，形成一个回复共同养育者的草稿。微微调整一下，让它读起来流畅一些。这个不太可能被共同养育者理解为指责或者评判，他可能会从你的回应中看到支持。也许你能注意到这个回复和你实际说出来的（或者可能说出来的）不一样。

....

要达到人际关系的有效性是一项很艰难的工作，尤其是在困难或者有挑战的关系中。最重要的是要慢慢来，不要出于习惯或本能做出反应。让你的逻辑思维保持活跃，可以大幅提升你们的互动效率，减少冲突的发生。

建立共同养育的规则

很多时候，父母会争论谁的办法是对的。比如，他们会为孩子们是应该放学后马上还是晚些时候做作业而争吵（尤其是老师告知有很多作业没做的时候）。他们会争论不同做法的利弊。他们会寻求专家的意见，通过检索信息或者跟老师沟通来确认自己的立场。但是在这场争论中，他们都有一个共同的目标——孩子应该做作业，他们真正没有达成共识的是如何实现这个目标。这里又是一个避免冲突的好机会，如果一个家长说："我完全同意，作业是最重要的。虽然我们不一定能达成在两个家里统一哪个时间完成作业的共识，但我们可以确保每天都完成，这样我们就能大大减少漏掉写作业的可能。"这里的关注点就是达成目标，而不是哪个家长是对的，或者在孩子跟着自己独处的时候如何各自达成各自的目标。通过聚焦于目标，而不是围绕实现目标的不同观点，你们可以避免迷失在混乱中，为一些解决不了的事情而争吵。

这种方法可以用在很多可能存在分歧的情景中。例如，如果对工作日晚上的就寝时间有分歧，你们可以商量一个能符合你们俩看法的就寝时间段。比如，可以告诉孩子，就寝时间是晚上 8：00 到 8：30 分之间，这取决于那晚带孩子的那位家长。这给予了父母双方一些灵活性，也让孩子对共同养育政策、概念多了一些理解。最重要的是，没有这个规定的时候，如果孩子晚睡，甚至晚于 8：30 睡觉，孩子可能会告诉一位家长，是另一位家长允许他这么做的；但有了这个规定，就可以避免引发父母之间长时间的争吵了。通过共同制定标准，每个家长都知道该怎么做。

通过制定共同养育的政策（就孩子在你们两个家庭的通用规则达成一致），你们就可以在能够达成一致的地方渐渐一致起来（而不是在你们不同意的地方争论不休）。你们也让孩子明白，你们在一个问题上"意见一致"，你们充分沟通，富有成效（即使孩子们不喜欢你们的决定）。你的孩子会看到，你们是家庭的行政部门，并且感觉到，他的父母都在保护和指导自己。

当父母的一方让另一方失望时，这样的规则设定也是有用的。说"你做错了什么"很容易，但这往往会招致反驳："你为什么老挑我毛病？我做错了？好，那你又做了……"这样的循环或者讨论模式当然不会带来任何积极的结果。

相反，制定规则会带来一些有用的东西。与其详尽地数落谁做了什么错事，或者对着批评的声音辩护，倒不如简单地提出这个标准应该怎么推进。例如，我们假设共同养育者没有告诉你，你的孩子在一次测试中得了64分。学校有个网站，但是你恰好在孩子和爸爸在一起的那天没去网站上查看。第二天，孩子到你这儿来了，告诉你他在另一门学科上得了高分，但他"忘了"告诉你关于得64分的事儿。你为他得了高分而表扬他。结果当你从老师那里得知他另一门得了低分，老师还告诉你，孩子的爸爸把他签过名的考卷送还给了学校。如果你去质问孩子爸爸，为什么他没告诉你得64分的事情，他可能会说类似这样的话："我不是你的秘书。学校有网站。你为什么不能像我一样去网站上看看呢？"另一方面，如果他听到的不是批评，而是"我认为我们俩都知道孩子得低分的情况或者学习上的问题很重要。如果这类令人担心的事情发生了，即使这个信息会在网上公布，为什么我们不跟对方通个气呢？那样我们既能解决这个问题，又能确保这个问题不会被我们忽略了"。这样的话，他很有可能会更友好地回复你。这项政策并不意味着行为不当或者共同养育有多糟糕，它只是简单地解决了可能推动问题解决的行为。顺便说一下，共同养育者可能也很想知道那些可能在网上或者不会在网上公布的议题。

当你把情感上的认同和支持，以及养育子女的日程和后勤保障搁置一边，你就可以聚焦在你和共同养育者可以达成一致（而不是不一致）的事情上。虽然你们每个人在必要的照料上都可以比对方多做或者少做一些，但你们可以制定一些共同养育的规则来指导你们的工作。

练习 7-4 建立共同养育规则

起草一些可以帮助你们纠正共同问题的规则。一定要把它明确说出来,这样它们就能对你俩都适用,不会用指责的方式挑剔共同养育者。例如,你们可以考虑把事情分成不同的类型,比如行为管教、学业、社交、开车接送以及搭别人的车(指青少年)。其他需要列入考虑的领域还包括:

- 为了孩子的福祉,我们在经济上能做哪些贡献(离婚协议里并没有明确注明)?
- 我们什么时候在孩子面前共同出现?
- 和孩子在一起的时候,我们彼此的行为举止是怎样的?
- 我们怎么避免逼迫孩子在我们中间做选择?
- 什么时候我们需要和对方分享孩子的信息?
- 我们是否想共同为孩子(可能还有孙辈)存钱?
- 挑战出现的时候,我们希望怎么应对?当孩子做了我们很不赞成的严重的事情时,我们怎么做?
- 当孩子面临重大的健康、工作、经济或者关系上的挑战时,我们会一起做出努力吗?
- 我们是否应该为孩子共同购置一些假日、毕业或者生日礼物?
- 如果日程安排出现意料之外的变化,比如提前下课,该由谁以及什么时候负责?

把这些规定写下来。很可能共同养育者现在只同意其中的部分规定,以后也许会同意更多。关注能达成共识的部分,远比争论你不同意的事情更有价值。

道歉是修复破裂的良方

无论你为避免冲突付出多少努力，你都不可能总是成功。有时候，你说了一些你认为中性甚至是积极的话，却发现它"引爆"了冲突，被视为最大的侮辱；有时候，你被对方的言行激怒，因无法控制自己而陷入冲突。这时候，最重要的是能尽快回到正确的轨道上（无论共同养育者是否跟你同步）。

此时，道歉可以起到重要作用。虽然这看起来像是你承认自己做错了，但这不是重点。如果你不想自己的信息被理解成一种攻击，或者你也不想让自己被激怒，道歉可能是让你回到正确轨道的第一步。你可以简单地说："很抱歉我们现在偏离主题了，我不是故意的。"一旦意识到你们的养育关系出现了裂痕，只有持续不断地去做修复破裂的工作，会为你的孩子打造一个更坚实的基础。

如果你们过去曾经有过冲突，这样的说法可能是破天荒的头一遭。实际上，有时候父母会开玩笑说，如果自己道歉，对方可能会昏倒在地（或者对方这么做，他们自己也会这么反应）。但是，如果没有别的招，那道歉可以推动你们往前走，重新回归到养育的核心价值观上。道歉可以让你们走出争吵和冲突的陷阱，帮助你回到自己的底线，成为更好的共同养育者。

这是一项长远的工作

作为父母，你的这个工作永远不会结束。即使孩子满18岁了，你仍然是父母。实际上，在很多方面，做一个大孩子的父母会更加困难。年龄较大的孩子，风险更大（他们可能比年幼的孩子陷入更多的麻烦和危险），并且影响和养育大孩子的复杂性也随着孩子逐渐成年而增加。例如，帮助一名 5 岁孩子过渡到全日制幼儿园要远比帮助一名 21 岁的孩子过渡到独立生活容易得多。大一点的孩子需要父母在场并且积极参与（尽管不一定是每天都需要）。他们需要父母的引导和交流。和共同养育者保持健康关系的必要性，不会随着你的孩子成年而减少。

决定"休战"可以给孩子带来许多年的和平，离婚的冲突不必一直持续下去。即使一开始很可怕，想象一下，如果你决定放下你们彼此之间的怨恨和冲突，未来这些年对孩子和你来说会有多好。如果你把精力用在创设一个这样的家庭，那作为父母，你在这个家里能够持续对孩子奉献你的爱与同情。

总结

在本章中，我们把重点从你和共同养育者身上转移到了你的孩子身上。完成这种转变，就给了你们双方一个共同的目标——帮助你们的孩子茁壮成长。为你们的共同养育关系制定规则，可以让你尽可能成为最好的养育团队，不只是现在，还贯穿孩子的一生。专注于陪伴孩子，比把精力放在防范攻击上要好太多。

带回家，用起来

要想活学活用本章的知识点，请试试下面的建议。

* 在和共同养育者的沟通中保持以孩子为中心。即使你听到了批评，也要专注在跟孩子有关的决定和计划上。
* 在核心价值观和共同养育规定上和共同养育者达成一致。
* 为你希望在共同养育者那里看到的行为设立一个标准。
* 不要让孩子夹在你们中间。
* 避免在合理的选项之间起冲突。
* 肯定你的孩子对另一位父母的爱。
* 关注共同养育者的优先权。
* 坦诚地道歉。
* 坚持共同养育。

第8章

离婚后的恢复

对大多数人来说,经历离婚可谓他们一生中最困难的时期之一。这很正常,也很自然。然而,离婚不应该定义你的人生。大约一半的已婚夫妻都会经历这种情况。它标志着你的人生中一个重要篇章的结束,另一个新篇章的开始。从离婚中恢复,能让你以更加健康的方式,带着你的洞见和对真实自我的希冀奔向自己的未来,期待着自己在未来的关系中更加清醒,也更加现实。最后一章,我们给出了一些关于如何从离婚的痛苦中恢复过来的思路,帮助你极大地改善生活质量,也帮助孩子大大提升幸福感。

保持在正轨上

我们很容易被点燃并偏离轨道。因此能保持在正轨上,熄灭被点燃的那部分,并在偏离时能迅速恢复是很重要的。这不仅可以减少冲突给你和孩子造成的影响,还可以让你把更多的时间和精力花在生活的其他方面；与此同时，使你在离婚之后创造更多有意义的生活和积极的回忆。掌握分散注意力、自我安慰以及稳住自我的技巧，可以帮助你保持在正轨上。

分散注意力

你可以关注从共同养育者那里收到的充满敌意的邮件，立即回复并处理每一个无理要求和虚假陈词以"澄清事实"。而这意味着你正经历一场可怕的夏季风暴，窗外狂风暴雨、电闪雷鸣。你可以选择坐在那里，害怕下一个"霹雳"声的到来；你也可以让自己从那个邮件中抽离出来，把自己的注意力从情绪挑衅上面移开，去做点别的事情。这里没有什么紧急的邮件要处理，那只是一封充满敌意的电子邮件而已（也可能是上百封邮件中的一封），这棵树也不会因为这场暴风雨而砸在房子上。该邮件可以等会再回，尤其是等到你能够控制自己，回到中心自我状态，用正确的心态来回复的时候。我们建议，如果你感觉你需要立即回复，你可以给自己设立一个"不要点发送"的规定，把你当时冲动的回复保存在一个单独的文件夹，过一会儿，等你的中心自我回归的时候，再来重新审视一遍那个回复邮件。

自我安慰

共同养育者很伤心，很受伤，很生气。他的情绪不太稳定，感觉也不好，这都是他的经历。如果他攻击你，但这不一定是你的经历。你可以对自己说："我没事儿。这是共同养育者的经历，不是我的。稍后等我弄清楚我想说什么以及怎么说的时候再处理这事。这里没有危险，只有愤怒。我非常好。"你同样可以给风暴中的孩子安慰说：

"我们没事。这场风暴会过去的,我们待会再去(处理邮件)。我们现在很安全。"

稳住自我

稳住自我比简单地抱住自己要难一些,但也没有那么复杂。在这个情景下,稳住自我意味着稳住你自己,也就是脚踏实地。你可以通过理性思考、调整呼吸和冥想来做到这点。这个想法不是要让你屈从于共同养育者的情绪状态,而是稳住你自己的自我意识和自我控制。

稳住并不是要改变共同养育者的行为或者他的牢骚,而是改变你的反应,保护你的独立性,让你从对方的感受、措辞、行为以及情绪状态中解脱出来。稳住自我设定了边界,把你分隔出来并保护着你。

你仍然可以回复共同养育者的来信,但更多的是要以一个健康、超然的状态,而非以不健康的情感状态与其联结。如果你能以健康的状态回复,那你在情感上也会离孩子更近,或许也不会被自己的反应带到更深的冲突或者困难情景中。对你们自己和孩子来说,父母之间的争斗往往比任何一种争斗都要糟糕。当你能够稳住自我时,为什么还要去参与争吵呢?

为了培养这些技能,可以在压力小得多的情景下,或许跟共同养育没关系的情景中去练习分散注意力、自我安慰以及稳住自我的技巧。我们以堵车为例。练习分散注意力,意味着可以打开收音机、欣赏风景或者想一想你爱的人。练习自我安慰技巧,意味着你可以对自己说:"我很好,车流量是有点大,但最终会通畅的。即使迟到了,我也会顺利通过,到达我想去的地方。"练习稳住自我技巧,你可以调整呼吸，放慢当下的生理和情绪上的活动来实现。

通过练习，许多人可以在压力较小的情况下做到这一点。然后，他们就可以在更有压力的情景下去练习。这是一些需要时间反复练习的技巧。你首先需要在要求较低的情况下练习它们，然后才能在要求更高的情景下去使用。

宽恕

你是否经常听到朋友、亲戚、宗教人士或者媒体人士说："原谅他吧，生活还得继续不是？"其实，这是一种"说起来容易做起来难"的表达。这甚至看上去有点不可能做到。施加痛苦的人是不会表现出悔恨的，他可能都不在意你是不是原谅他，甚至多年以后他还是会继续伤害你，且手段卑鄙恶毒。为了练习宽恕，让我们先来看看并尝试理解它。

宽恕即赦免

"宽恕"这个词常见的同义词包括原谅、赦免、仁慈以及特赦，这些词语意味着宽恕的行为是指受伤害的一方让另一方"脱身"。就好像你说："如果我原谅你了，你就不用再为你对我所做的事内疚了。"我们在日常社交情景中也在经历这些，当我们说"对不起"或者"抱歉"时，对方会说"没关系"或者"别担心"，对方就给了我们某种形式的宽恕，我们就可以继续过我们的生活，不再为我们造成的伤害（通常是很轻微的）而内疚了。即使是孩童时期，我们弄洒了什么东西，也会说"对不起"，我们的父母（在一个健康家庭里）会说:"没关系。下次小心哦。"如果孩子够大了,父母则会让孩子清理现场,以"弥补"过错。即使在更严重的情况下,父母也可能只会说:"我确实对你做的事失望,但我爱你。"父母还可能帮助孩子去思考和计划补救行为,并且表示对"受到伤害的那方"的感受的理解。这里传达的信息就是"你被原谅了,你没事儿了"。这让孩子得以从不舒服或者内疚的感受中出来,转而体会到更舒服或者不内疚的自由。换句话说,宽恕的行为能帮助做错事的人摆脱罪恶感。

当我们用这种方式来看待宽恕时,很容易会想到,如果我受伤了,为什么要由我来原谅和帮助伤害我的人呢?我才是那个真正需要照顾的人!在这种情况下,宽恕对受伤害的那一方来说就是一种负担,而做出伤害行为的人则得到了关照与谅解。如果你在离婚中经历了许多痛苦,宽恕看起来就是一个不可能完成的任务,即如果我们从这个角度去看,施加伤害的一方确实不容易获得宽恕。

相反,让我们从另一个不同的角度来看看伤害性的互动方式以及与之相关的想法跟感受。在本书中,我们一再强调,感受不仅仅是我们面对情景时的自动反应,它们更多的是跟我们如何看待事情,以及我们怎么告诉自己这件事有关。换言之,我们执着于伤害,不是因为我们曾经受到伤害,而是因为我们无意识中让自己执着于这一点。在下面这个家喻户晓的古代故事中,我们可以看到无意识的执念(即使不是关于伤害)是什么样的。

一老一小两个和尚下山去村中化缘,当他们途经一条小河正要过河时,看到一位年轻的姑娘在河边发愁。老和尚想帮助她,于是问她:"女施主,你看上去很烦躁,有什么需要帮忙的吗？"姑娘解释说，她要去探望母亲，母亲住在河对岸，她不知河的深浅，不敢轻易过河。老和尚提议可以把她背过河。等老和尚把姑娘安全地背到河对岸后，他们就在下一个岔路口分开了，两个和尚继续赶路。时间一点点过去，几个小时后，小和尚打破了沉默，问老和尚："师傅，我一直在想，作为出家人我们有戒律是不能接近女人的，但刚才你怎么能背一个年轻女人过河呢？"老和尚很快回复说："我们是在帮助她。不过，我到了河对岸就把她放下了，而你显然还一直背着她。"

不幸的是，在离婚中我们的许多"姑娘"都是我们曾经受过的伤害。它们不仅不会自行消失，还会再次出现，而且我们一遍又一遍地跟自己和别人重述这些故事，不让它们消失。

宽恕即放手

剑桥词典把"宽恕"定义为，停止对做错事的人生气。注意，这里实际上跟别人做了什么值得忏悔的事没有任何关系。它只跟那个怀抱愤怒（或者伤害或者怨恨）的人停止这种感受有关。如果你等待别人做某事，那么这就是在让你的感受依赖于别人的行为。故事中的小和尚并不需要那个姑娘说点什么来"放下她"，他得自己想明白，他才是自己想法的守门员。

有时候，如果对方真心诚意道歉了，你会更受用，因为道歉通常是放弃伤害的征兆。不过，在离婚的前提下通常不是这样的。真诚的道歉通常不会到来，或者，就算它到来了，但对被伤害或者被背叛的前任来说也是很难接受的。并且，离婚后的生活往往还会出现更多的伤害，尤其是在充满对抗的离婚之后。

即使共同养育者就某个方面向你道了歉，也无法消除他在其他方面对你的伤害。如果道歉不够及时，或者就像我们在第3章中提到的，如果让你生气的人其实是你自己怎么办？在我们看来，宽恕不应该也不能够取决于别人的行为，只能取决于你本人。宽恕并不能随着时间的流逝自然而然地发生，人们可能会心怀怨恨数十年。宽恕是一种内在的行为，它需要意识、意图以及内心的转变。不幸的是，如果我们背负伤痛多年的话，这个过程往往会非常痛苦（就像那个小和尚背着姑娘走了好长一段路一样）。

我们的思想会关注痛苦，但思想也可以解除这种关注。接下来，我们将运用三种意象法来帮助你练习如何摆脱痛苦。

练习 8-1 通过意象释放伤痛

列出三种你的前任在婚姻存续期间或在共同养育关系中伤害你的方式，并且这些伤害至今还在困扰着你。在每一种伤害旁，写下这个伤害发生的大致日期，标记出你承受该伤痛的时间。你多久会想起这件事？多久会跟其他人（如治疗师、伴侣、朋友和家人）聊到此事？如果你停止重温它们会怎样？如果你把它们放在河对岸会怎样？如果它们真的（不像那个姑娘）被河水冲走了会怎样？接下来，请你花点时间，闭上眼睛。清空你的思绪，想象把让你受伤的三种方式分别写在三片独立的叶子上。想象着把每一片叶子放进溪流里，让它们漂到看不见地方。这件事你可以经常重复，直到你感觉不再需要了为止。

接下来的这个方法需要加入冥想。

练习 8-2　通过冥想释放伤痛

进行这个练习时，首先要集中注意力，缓慢而有节奏地呼吸。当你准备好了，让你受伤的感觉进入你的意识中。然后，轻轻地随着每一次吸气，吸进爱、自我滋养和宽恕的感觉；随着每一次呼气，呼出伤害和怨恨。放手不是挣扎或强迫什么事情发生，而是关于开放和免除挣扎。在余下的冥想过程中继续这样做，直到你准备好再次清空你的思绪，在结束前舒服地呼吸。就像本书中的许多练习一样，冥想可能是你想要反复做的事情。当你再次回到这里，注意你的感觉，以及这种感觉是如何随着时间的推移而改变的。

你还可以在冥想中加入写作。

练习 8-3　通过冥想和写作来释放伤痛

首先，让思绪安静下来。慢慢呼吸，集中精神。然后，让自己专注在练习 8-1 中列出的三种伤害上。感受那些痛苦和伤害的程度以及它带给你的影响。也许可以把它想象成某种颜色或者图像。如果你想哭，那就让眼泪流出来好了，当你准备好了之后，就睁开眼睛。接下来，写写你疼痛的程度，至少写两段关于你刚才在短暂的冥想中的感受。为什么它会让你那么痛，现在仍然那么痛。找寻这份痛苦的意义以及你为什么如此难以释怀。最后，允许你自己放下痛苦，释放它，让它随眼泪流走，让它停留在纸上。

放开痛苦并不意味着伤害从未发生，或者没什么大不了，这不是"无忧无虑"，也不是简单地接受它的发生；相反，是承认伤害的全部影响，然后放掉它，而不是被它定义。这就好像在说："我已经被所发生的事伤得够深了，但我要放下它，以便我能沿着人生之路继续前行。"

GRACE 五步骤

放下伤害和怨恨是放下痛苦的第一步。它可以帮助你减轻负担，当共同养育者反复冒犯你时可以减少你的消极反应。然而，即使放下一个重担能让你回归中立（就是你不负重的状态），也不能把你从消极的负重状态变成积极状态。为了做到这一点，我们认为，再往前走五步——感恩、尊重、接纳、同情和平静。为了便于记忆，我们把每一步骤的英文首字母合在一起组成 GRACE。让我们逐个看看吧。我们在整本书中都提到了这些，但在这里，我们还是要把它们再次合并到一起。

感恩

你意识到你对共同养育者有深深的感激之情吗？大多数和我们交谈的人会说没有。他们会说："你在开什么玩笑？感激他？他把我和孩子的生活搅得一团糟，我怎么可能对他心存感激呢？"他们是对的。我们不能指望他们（或者你）对这"一团糟"心存感激。然而，如果你把注意力从这一团糟中移开会怎样？记住，你的思绪到哪儿，你的感受就会到哪儿。如果你开始专注于你所感激的事情呢？

练习 8-4　感恩

我们看看你能否在谈及共同养育者时，还能专注于让你感激的事情。请把这些写在你的日记本上。为了帮助你着手做这件事，你参考并看看以下这些是否有用。

- 帮助你怀孕，接纳孩子。
- 在经济上帮助你照顾孩子。
- 直接照顾孩子。
- 爱孩子。
- 在某些方面给孩子做榜样。
- 在某些方面比你更会带孩子。
- 帮助孩子参加课内及课外活动。
- 带给孩子欢笑。

当然，还有许多其他的方面，你可能会对共同养育者心怀感激。当你列出来之后，在日记本上留一点空间，想起来什么还可以加上。在对共同养育者特别不满的时候，就看看这张清单，把你的注意力从怨恨和痛苦转移到那些对孩子来说也许更重要的事情上来。

这个简单的感恩练习可以成为又一个你保持正念工具箱的工具。在你的日常生活中，你可以通过每天至少想一件跟你和孩子的生活有关的事情来练习感恩。通过一天当中对那些能让你感激的体验、事件、观察或感觉的搜寻，重温那些时刻，你就是在培养正念。尽管和你前任相处或者实践共同养育的某些挑战，但他的性格、兴趣、才能

以及养育中的其他方面，肯定会为你孩子的生活增添一些价值。花一点时间专注在这些事情上，因为这可以帮助你改变心态，深刻影响你的头脑状态。

练习 8-5 共同养育者令我欣赏的品质清单

列出共同养育者的特点、兴趣、才华，或者跟养育相关的、能给孩子的生活增添价值的其他因素。

完成这个清单时，你发现了什么？你对自己的回答感到惊讶吗？你会发现没什么话想写，或者完全想不起来哪怕一样东西？如果情况是这样的，那你试着再深入挖掘一下，想想你们第一次见面时、孩子出生时他表现出来的什么特质让你喜欢或者看重。那个时刻有你可以加到清单里的内容吗？你那时候的反应都是怎样的？是那些愤怒和背叛的痛苦蒙蔽了你，让你看不到在他和孩子之间的联结中的积极品质吗？

一旦你认识到共同养育者给孩子们的生活带来的价值，就把它写在日记本上。

为了开展更深层次的感恩实践，我们希望你准备一封写给共同养育者的感谢信。你可能会发现，你想要表达的感谢包括给你敲响警钟、帮助你成长、让你的生活向前走、发展出一个真实的自我。或者你还会发现，你感激的内容有前任、一段宝贵而有意义的经历、他人的支持、自己的孩子、自己的生活方式、重新定义你自己等其他任何

生活中的积极方面。不论你发现了什么,在这方面的反思都是有所助益的。也许随之而来的东西会让你惊叹。

练习 8-6　给共同养育者的感谢信

设定一个 5 分钟的闹钟,给共同养育者写一封感谢信。随性地写,不评价,不评判。你可以用叙述的方式写,也可以用一系列独立的句子来写。如果你选择后者,那每个句子都以"感谢你"开头。你也许会聚焦在他曾在婚姻存续期间给你提供的具体事物、你的生活方式、养育孩子的方方面面、你们的孩子、你们共度的经历,或者他身上有并在孩子身上体现出来的宝贵品质。或许你会关注婚姻破裂的过程如何帮助你成长。写完感谢信后,给自己一点时间坐下来,回顾你写的内容。你可以把它大声念给自己听,或者跟信任的朋友分享。在练习中不管出现什么,让自己去体验它。建立在感恩基础上的你内心的声音是很有力量的,而这种感谢是你在和他人关系中的感激之情的流露,而这个人又恰恰是永远存在你和孩子们的生活中的人。

注:这个练习是珍妮·道格拉斯(Jenny Douglas)在她的"悲伤与感恩"工作坊上提出来的。

· ·

尊重

大多数人谈到的"尊重"是指一个人对另一个人的性格保持高度尊重。你常常会听到"尊重是挣来的,而不是别人给的"。我们认为,这种观点在高冲突的离婚中没什么帮助；相反，我们认为，尊重是给予的，不是挣来的。尊重并不是你怎么看待共同养育者的性格，而是你对待共同养育者的行为，你愿意以尊重的方式去对待他，不管他的性格怎样。在很多方面，这跟你本人的性格有关。

例如，一位陌生人走到你面前问路。他看起来像从外国来的，不会说英语。他穿着不太讲究，也没有向你过多地透露他的性格品性。根据第一印象，你可能会感觉他有点不够热情。如果你对待这位陌生人也爱答不理，那这反映的是这位陌生人的性格还是你自己的？如果你带着尊敬和尊严待他，这反映的是他的性格还是你自己的？我们认为，这两种情况所反映的都是你的性格品性，不是那位陌生人的。

想象着把这个概念用在共同养育者身上，如果你举止彬彬有礼会怎么样？你是在确认他的性格，还是确认自己的？我们认为，尊重对方的行为更多地体现了你自己的性格，也是尊重你的孩子对另一位父母的爱。

练习 8-7 尊重

想一想你和共同养育者互动的所有类型，如关于孩子参加赛事或者其他家庭活动的接送与时间安排。列出在这些情况下你可以表达尊重的方式。顺便说一下，这不是要从对方那里得到什么好的结果。实际上，共同养育者可能会认为你是在装模做样，或者对你的尊重行为怀有敌意。这里的重点不是他做何反应，而是你如何反应，以及你对你的反应有怎样的感受。为了帮助你完成练习，请思考前面关于问路的陌生人的例子。如果你对问路的陌生人不尊重，你会有什么感受？

如果你很礼貌地给他指路，你又有什么感受？请把你尊重共同养育者的行为列成清单，并以此为行动依据。

接纳

在这种情况下，接纳是承认共同养育者的特质，而不是尝试去改变他。我们不是说那些困扰你的特质没什么，这只是你的问题；相反，我们说的是，共同养育者的特质是他自己的。即使你不喜欢共同养育者的身高，他的身高也不会因为你不喜欢而有所改变。同样，他的个性特征和行为也不会因为你觉得有多伤人或者烦人而改变。在你们的婚姻存续中，彼此都投入了大量的精力去改变对方的行为，比如会说："为什么你不照我说的做呢？我都说过多少次了？"但是不会带来改变的。如果改变了，那夫妻双方就会幸福地生活在一起了，因为你们唯一要做的就是口头上表达希望对方成为一个理想的伴侣。在离婚后，你们还继续用这种批评和评判的模式，好像它真的可以改变另一个人似的。

接纳就是要承认，共同养育者就是他自己，不会按照你所希望的方式去改变。我们甚至认为，有时候你在很多情况下不喜欢的特质，可能在其他情况下会成为你感激的特质。例如，如果共同养育者做事很固执、很僵化，在某些事情上不愿意让步、退缩，你可能会觉得这真的很讨厌。然而，当你俩都认为孩子应该在学校得到某项特殊服务，而他又不肯让步时，同样的特质就会派上用场。

练习 8-8　接纳

列出共同养育者的 3~5 项令你讨厌的特质。接下来，在你的日记本上写下每一项特质，以及在什么情况下，这个特质会变成一项优势或者派上用场。然后闭上眼睛，专注你的呼吸来冥想，让你的思绪像落叶在溪流上漂浮一样。当你准备好了，再想想共同养育者。接纳他本来的样子，包括他的特质。例如，你可以说："我接受你的刻板。这是你的一部分。"然后你可以加上："我接受我不能改变你，但我需要和你一起共同养育孩子，你也一样。"接纳的一部分是，意识到你在这方面没有选择。也就是说，你只能和如其所是的共同养育者相处，而不是和你理想的共同养育者相处。对他来说也一样，不管他是否意识到这一点，都面临着同样的挑战，因为你只能做你自己，成不了他理想的你。

同情

痛苦不是某个人的专享，我们谁都会有痛苦。离婚的两个人通常都会感到痛苦。他们可能不是出于同样的原因，甚至可能对造成痛苦的原因或者由谁造成了痛苦有着不同的看法，但他们都有同样的感受。不幸的是，他们通常看不到对方的痛苦，反而会这样说："你怎么回事？为什么你看不到你对我和孩子做了什么，看不到你怎么伤害我们大家的？"

同情就是看到了别人的痛苦和人性。你不一定要同意是什么或者是谁制造了这份痛苦，也不一定要衡量你自己有多痛苦以证明谁更痛苦一些。同情只是一种对他人痛苦的感知，以及一种渴望他人的痛苦可以缓解的愿望。

如果你希望孩子的另一位父母身处痛苦中，那大多是出于报复。然而，父母处于痛苦中对孩子来说毫无益处，且往往事与愿违。也就是说，如果共同养育者处于痛苦之中，可能会导致更多的冲突，当孩子需要他照顾时，可能会让他的养育能力大打折扣。

你会希望共同养育者尽可能地坚强与健康吗？你会以你的孩子对另一位父母的爱为荣，并且为整个家庭的幸福定一个标准吗？如果你知道了共同养育者因患重病正饱受煎熬，你会同情他吗？我们建议，你对他的情绪痛苦给予同样的同情（不管是什么原因）。

练习 8-9　同情

把你对共同养育者能获得疗愈的富有同情的愿望写在你的日记本上。然后，通过清理你的思绪、平静而轻松地呼吸进行冥想。集中精力之后，在你冥想时重复那个让他得到疗愈的富有同情的愿望。和他交流的时候，一旦你从他对你或者对孩子的言语、行为中（也许是敌意的）看出他有痛苦，轻轻地重复这个愿望。或许在某个时刻，你甚至可以通过语言或者行动，向他大声表达你的同情。

••

平静

平静意味着保持冷静、沉着、头脑清醒，就像在本章前面提到过的，在面对逆境甚至危及生命的情景下，保持平静可以帮助你避免战斗、逃跑或者僵住反应（见 1~3 章）。即使你感受到了恐惧、伤害和愤怒，平静仍能让你摒弃情绪上的恐慌，合理应对，而恐惧、伤害和愤怒会让你的判断力下降或失灵。保持平静并不是在高压下或者紧急状态下学会的，而是在你压力小得多的情况下一步一步练出来的。你也可以基于本书的学习和练习，并结合你的呼吸与理性思考获得平静的心态。

练习 8-10　平静

在面对逆境和压力的时候，你可能会意识到内心的平静，即一种非常清醒地深知你在当下该做什么的感觉。我们多花些时间在冥想上也可以获得这种感觉。先专注你的呼吸，让你自己的思绪变得清晰而安静。然后，看看你能否利用这种"了解"让这种清晰的感觉跟你的意识相联结。注意它带给你的感觉，以及这种聚精会神带给你的舒适感。之后在你不再冥想的时候，试着回忆那种感觉。当你没有压力的时候，就去找找它。当你很容易记住它的时候，请试着在中等程度压力（如在超市排队的时候）下去调用它，然后再到巨大压力下调用它。渐渐地，你就可以随时使用它了。

我们希望在本章中与你分享的这些技巧、教程以及冥想等方法，能帮助你有效地应对高冲突离婚和离婚后养育子女的挑战，带着你自己的疗愈和转变前进。我们认为 GRACE 的概念是和平与中心意识的体现。为了你的孩子和你自己的灵魂，即使屋外暴雨连天、狂风大

作,也要让你跟你的爱、同情心和中心意识紧密相连。

总结

最后一章着重讲述了一些离婚恢复的步骤,包括分散注意力、自我安慰、稳住自我及宽恕。其他的技能和概念包括在GRACE(感恩、尊重、接纳、同情和平静)中,帮助你保持稳定,成为真实的自己,带着对自己和他人的爱、希望和同情前行。

带回家,用起来

要想活学活用本章的知识点,请试试下面的建议。

* 记住很少有真正的紧急情况。安慰自己,你可以安然度过眼下的挑战。
* 给予你自己需要的情感支持和拥抱。
* 尽快原谅共同养育者,以及你自己。
* 承认你对共同养育者的感激之情。
* 尊重共同养育者。
* 接纳共同养育者,包括他的优点和缺陷。
* 同情共同养育者,他也身处痛苦中。
* 保持平静,进入你的中心自我状态。

参考文献

1. Bowlby, J. 1969. *Attachment and Loss.* Vol. 1, *Attachment.* New York, NY:Basic Books.

2. Brach, T. 2003. *Radical Acceptance: Embracing Your life with the Heart of a Buddha.* New York, NY: Bantam Books.

3. Brown, B. 2012. *The Power of Vulnerability: Teachings of Authenticity, Connection, and Courage* [audiobook]. Louisville, CO: Sounds True.

4. Campbell, J. 2008. *The Hero with a Thousand Faces.* Vol. 17. Novato, CA:New World Library.

5. Cohen, G. L., and D. K. Sherman. 2014. "The Psychology of Change:Self-Affirmation and Social Psychological Intervention." *Annual Review of Psychology* 65: 333–371.

6. Goleman, D. P. 1995. *Emotional Intelligence: Why It Can Matter More Than IQ for Character, Health and Lifelong Achievement.* New York, NY: Bantam Books.

7. Hicks, D. 2011. *Dignity: The Essential Role It Plays in Resolving*

Conflict.New Haven, CT: Yale University Press.

8. Johnson, S. 2008. *Hold Me Tight: Seven Conversations for a Lifetime of Love*. Boston, MA: Little, Brown, and Company.

9. Johnson, S., and A. Sims. 2000. "Attachment Theory: A Map for Couples Therapy." In *Handbook of Attachment Interventions*, edited by Terry M. Levy. San Diego, CA: Academic Press.

10. Kabat-Zinn, J. 1990. *Full Catastrophe Living: Using the Wisdom of your Body and Mind to Face Stress, Pain, and Illness*. New York, NY: Delta Trade.

11. Kübler-Ross, E. 1969. *On Death and Dying: What the Dying Have to Teach Doctors, Nurses, Clergy, and Their Own Families*. New York, NY:Scribner.

12. Lesser, E. 2008. *Broken Open: How Difficult Times Can Help Us Grow*.New York, NY: Villard Books.

13. Linehan, M. 1993. *Cognitive-Behavioral Treatment of Borderline Personality Disorder*. New York, NY: Guilford Press.

14. McKay, M., and A. West. 2016. *Emotion Efficacy Therapy*. Oakland, CA:New Harbinger Publications.

15. Ricci, I. 1997. *Mom's House, Dad's House: Making Two Homes for Your Child*. New York, NY: Fireside.

16. Siegel, D. J. 2009. "Mindful Awareness, Mindsight, and Neural Integration." *The Humanistic Psychologist* 37(2): 137–158.

17. Siegel, D. J. 2010. *Mindsight: The New Science of Personal Transformation*. New York, NY: Bantam Books. Kindle edition.

18. Siegel, D. J. 2012. *Pocket Guide to Interpersonal Neurobiology: An Integrative Handbook of the Mind*. New York, NY: W.W. Norton & Company.

19. Thayer, E. S., and J. Zimmerman. 2001. *The Co-parenting Survival Guide:Letting Go of Conflict After a Difficult Divorce*. Oakland, CA: New Harbinger Publications.

20. Winnicott, D. W. 1960. "Ego Distortion in Terms of True and False Self." In *The Maturational Processes and the Facilitating Environment:Studies in the Theory of Emotional Development*, edited by Donald W. Winnicott. London, England: Karnac Books.

后 记

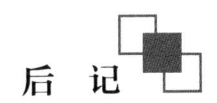

毫无疑问,离婚的确是一个改变了人生轨迹、充满极大压力的经历。无论你的人生旅程如何,可以肯定的是,你的生活不会再像以前一样了,你的生活、共同养育者的生活以及孩子的生活都将发生改变。我们希望在你的旅途中,你能发现我们书中阐述的原则和讲授的方法对你有所帮助。保持中心自我状态、避免冲突模式,以及即使共同养育者很苛刻,认识到他的言行并不能定义你是本书中一再强调的核心点。

我们希望,随着你前进的脚步,离婚会变成你人生的诸多故事之一。随着时间的流逝,离婚的影响会从你的注意力中慢慢消散,主导你日常生活的是你对自己和对孩子的爱。

带着和平和 GRACE 一路向前吧。

Loving Your Children More Than You Hate Each Other : Powerful Tools for Navigating a High-Conflict Divorce

ISBN: 978-1-62625-904-1

Copyright © 2018 by Lauren J. Behrman and Jeffrey Zimmerman

Authorized Translation of the Edition Published by New Harbinger Publications, Inc.

No part of this publication may be reproduced, stored in a retrieval system or transmitted in any form or by any means, electronic, mechanical photocopying, recording or otherwise without the prior permission of the publisher.

Simplified Chinese rights arranged with New Harbinger Publications, Inc. through Big Apple Agency, Inc.

Simplified Chinese version © 2022 by China Renmin University Press.

All rights reserved.

本书中文简体字版由 New Harbinger Publications, Inc. 通过大苹果公司授权中国人民大学出版社在全球范围内独家出版发行。未经出版者书面许可，不得以任何方式抄袭、复制或节录本书中的任何部分。

版权所有，侵权必究。

北京阅想时代文化发展有限责任公司为中国人民大学出版社有限公司下属的商业新知事业部，致力于经管类优秀出版物（外版书为主）的策划及出版，主要涉及经济管理、金融、投资理财、心理学、成功励志、生活等出版领域，下设"阅想·商业""阅想·财富""阅想·新知""阅想·心理""阅想·生活"以及"阅想·人文"等多条产品线，致力于为国内商业人士提供涵盖先进、前沿的管理理念和思想的专业类图书和趋势类图书，同时也为满足商业人士的内心诉求，打造一系列提倡心理和生活健康的心理学图书和生活管理类图书。

《心理治疗大辩论：心理治疗有效因素的实证研究（第2版）》

- 美国心理学会（APA）、中国心理学会临床与咨询心理学专业委员会强力推荐。
- 北京大学钱铭怡、美国堪萨斯大学段昌明、华中师范大学江光荣、清华大学樊富珉、同济大学赵旭东、北京理工大学贾晓明推荐。
- 心理健康工作者必读。

《折翼的精灵：青少年自伤心理干预与预防》

- 一部被自伤青少年的家长和专业人士誉为"指路明灯"的指导书，正视和倾听孩子无声的呐喊，帮助他们彻底摆脱自伤的阴霾。
- 华中师大江光荣教授、清华大学刘丹教授、北京大学徐凯文教授、华中师大任志洪教授、中国社会工作联合会心理健康工作委员会常务理事张久祥、陕西省儿童心理学会会长周苏鹏倾情推荐。

《灯火之下：写给青少年抑郁症患者及家长的自救书》

- 以认知行为疗法、积极心理学等理论为基础，帮助青少年矫正对抑郁症的认知、学会正确调节自身情绪、能够正向面对消极事件或抑郁情绪。
- 12个自查小测试，尽早发现孩子的抑郁倾向。
- 25个自助小练习，帮助孩子迅速找到战胜抑郁症的有效方法。

《原生家庭：影响人一生的心理动力》

- 全面解析原生家庭的种种问题及其背后的成因，帮助读者学到更多"与自己和解"的智慧。
- 让我们自己和下一代能够拥有一个更加完美幸福的人生。
- 清华大学学生心理发展指导中心副主任刘丹、中国心理卫生协会家庭治疗学组组长陈向一、中国心理卫生协会精神分析专业委员会副主任委员曾奇峰、上海市精神卫生中心临床心理科主任医师陈珏联袂推荐。

《消失的父亲、焦虑的母亲和失控的孩子：家庭功能失调与家庭治疗（第2版）》

- 结构派家庭治疗开山鼻祖萨尔瓦多·米纽庆的真传弟子、家庭治疗领域权威专家的经典著作。
- 干预过多的母亲、置身事外的父亲、桀骜不驯的儿子、郁郁寡欢的女儿……如何能挖掘家庭矛盾的"深层动因"，打破家庭关系的死循环？不妨跟随作者加入萨拉萨尔一家的心理治疗之旅，领悟家庭亲密关系的真谛。